우리가 축하하고 칭찬하던 시간에 일어났던 일

해외입양 그 이후

김성수 지음

시커뮤니케이션

책머리에

우리나라는 드라마와 K-POP뿐만 아니라, 우리의 소중한 아동들까지 돈을 받고 해외로 팔고 있다. 우리나라 이외의 '아동수출국'으로는 콜롬비아, 인도, 우크라이나, 중국 등이 있다. 출산율은 세계최저인데 해외아동입양은 1-3위다. 이렇게 보내는 아이들은 대부분 비혼모가 낳은 아이들이다.

우리사회는 비혼모 혼자서 아이를 키울 수 있도록 돕는 정부의 경제적 지원이 턱없이 부족하고 사회적 차별이 너무나 심각하다. 또한 아이를 해외입양 보냈을 때 이를 중계하는 사설 입양기관이 받는 수수료도 큰 문제로 지적된다. 현재 국내입양은 한 아이 당 사설 입양기관이 약 270만 원 정도의 수수료를 받는다. 해외입양은 국내입양 10배에 달하는 약 2천2백만 원을 사설 입양기관이 수수료로 받고 있다. 국내 입양기관의 지난 2020년 해외입양 수수료 규모가 46억 7천만 원이라는 사실은 실로 충격적이다. 솔직히 이야기하면 '입양은 아름답고 선한 일'이라는 간판을 내걸고 국내 사설 입양기관은 아이를 통해 이윤을 챙기는 인신매매를 하고 있는 것이다.

현재 우리나라의 해외입양 현실은 세계 3-4위 수준(누적 1위)이다. 우리나라는 해외원조국이자 세계10대 경제대국이며 세계 최저출산국가이지만 지난 2022년에만 142명의 아동을 해외로 입양 보냈다. 그중 비혼모의 비중은 99% 정도다. 즉 우리사회는 아직도 비혼모를 죄악시하고 그들의 자녀를 차별하며, 지원에 극도로 인색하다.

하지만 생각해 보자. 세상에 부모를 선택하고 이 세상에 태어난 아동이 어디 있나? 그리고 흔한 말로 아이가 무슨 죄가 있나? 부모가 누구이냐는 상관 없다. 모든 아동은 소중하고 존중받아야 마땅하며, 모두가 친모와 함께 살 권리가 있다.

그래서 세계 최저수준의 출산 문제를 해결하고 비인도적, 무분별한 해외입양을 줄이려면, 아니, 아예 없애려면 정부의 과감한 비혼모 지원대책이 절실하다. 모든 인간은 부모가 누구든지 상관없이 차별받지 않고 당당하게 살아갈 권리가 있다.

나와 인터뷰를 한 수많은 해외입양인들 중 몇 분이 내게 던진 몇 마디가 지금도 내 귀에 쟁쟁하다.

"삶에서 가장 중요한 것은 가족이라고 생각해요. 그래서 저는 한국가족 찾기를 포기할 수 없어요. 그러나 집착은 안하려고 노력해요. 집착했다가 한국가족을 못 찾으면 제 삶이 너무 비참해지니까요."

"자기에 대한 기록이 없는 인간, 아니 자기에 대해 거짓으로 조작된 기록을 가진 인간의 비극과 아픔은 겪어 본 사람만이 실감할 수 있을 것입니다."

2024년 10월

저자 김성수

3부 그래서, 어떻게 해야 하나

우리가 축하하고 칭찬하던 시간에 일어났던 일

해외입양 그 이후

2024년 11월 14일 1판 1쇄 발행

지은이	김성수
펴낸이	최지윤
펴낸 곳	시커뮤니케이션
제작	유진보라
서점관리	하늘유통

등록	2022-000009호
홈페이지	www.seenstory.co.kr
전자우편	seenstory@naver.com
팩스	0303-3443-7211

ISBN 979-11-92521-47-3(03810)

우리가 축하하고 칭찬하던 시간에 일어났던 일

해외입양 그 이후

김성수 지음

인신매매와 해외입양의 이상한 관계

"해외입양 가면 부자나라에서 잘 사는데, 뭘!"

나는 아주 오랫동안 이런 생각을 했었다. 입양 보내는 나라는 주로 유럽이나 북미와 같이 잘 사는 나라라서, 나도 모르게 이런 생각을 했던 것 같다. 그러나 해외입양인들을 만난 후 내 생각은 완전히 바뀌었다.

내가 해외입양인을 처음 만난 것은 지난 2004년 대통령 소속 의문사진상규명위원회에서 국제홍보 일을 하고 있을 때였다. 위원회가 하는 일을 국외에 널리 알리기 위해서 외국기자들을 자주 만났는데, 그 중 한 분이 한국계 네덜란드 입양인 여성이었다.

2004년 말 그녀가 한국에서 특파원 활동을 마치고, 네덜란드로 귀국하려할 때 주한네덜란드 대사가 관저에서 송별회를 개최했었다. 그곳에 나도 초청을 받았다. 그 송별회 자리에서 나는 3~4명의 다른 해외입양인들을 만났다. 그런데 당시 부유한 나라에서 온 해외입양인들의 표정이 내가 상상하던 것만큼 밝지 않아서 좀 의아한 생각이 들었다.

그 후 2005년, 또 다른 자리에서 해외입양인들을 만났다. 당시 나는 그 해외입양인들과 겉으로는 친하게 지내면서도 그들의 깊은 아픔과 고통을 잘 이해하지 못했었다. 그러다가 2007년 어느 날, 한 미국입양인 여성과 잊지 못할 경험을 했다. 당시 나는 진실화해위원회(이하 진실위) 활동을 외국에 소개하는 영문 동영상을 만들고 있었는데, 당시 스튜디오 녹음실에서 영어 자막을 읽는 성우 역할을 한국계 미국입양인들에게 부탁했었다.

진실위 동영상에는 한국전쟁 중 민간인학살, 국가폭력, 비인간적 고문이나 의문사 희생자와 유족의 기막힌 삶의 역경에 대한 증언이 나온다. 그런데 성우 역할을 하던 한 미국 해외입양인 여성이 이 피해자들의 영어 자막을 스튜디오 녹음실에서 읽다가 갑자기 눈물을 터뜨렸다. 나는 곧 녹음을 중단했다.

녹음이 끝나고, 그 미국입양인이 갑자기 울었던 사연을 들을 수 있었다. 그녀는 수많은 인권침해와 집단학살 유족의 이야기가 곧 자기를 못 키우고 해외입양 보낸 친부모의 이야기처럼 여겨졌기 때문에 쏟아지는 눈물을 참을 수 없었다고 고백했다.

그날 이후, 나는 해외입양인들과 급속히 가까워졌다. 많은 해외입양인들과 만나며 그들이 살아온 고된 삶에 관한 여정을 들을 수 있었다. 그리고 점차 부유한 나라로 입양 간 행복한 사람들이란 환상이 사라지기 시작했다.

성공한 해외입양인이라는 환상

해외입양인 다수가 미국이나 유럽, 즉 서구로 가게 된다. 문제는 절대다수 백인들 사이에서 소수 황인종 어린이가 살아갈 때 큰 고통을 겪는다는 것이다. 따라서 해외입양인들의 압도적 다수는 인종차별, 트라우마, 우울증, 정체성 위기로 어려운 어린 시절을 보낸다. 특히 사춘기 때 백인 학생들은, 극히 드문 경우가 아니면 황인 학생과 데이트를 피한다. 감수성이 가장 예민한 시기에 그래서 황인 학생은 선천적인 피부 색으로 인해 아무 죄도 없이 극도의 외로움과 고통, 그리고 정체성 위기와 우울증에 시달린다. 결국 해외입양인의 열등감과 정서 불안은 이들의 대인관계와 삶전반에 막대한 악영향을 끼친다.

어느 사회나 마찬가지로 해외입양인 사회에도 성공한 경우, 그렇지 않은 경우, 그 중간 모두가 존재한다. 그런데 문제는 한국사회, 특히 언론에서는 해외입양이 성공한 아주 극단적인 경우만을 주목하여 해외입양이 마치 아름답고 선한 일인 것처럼 과대포장을 한다는 것이다.

내가 만난 다수 해외입양인들이 가장 싫어하는 뉴스는 성공한 해외입양인에 관한 뉴스였다. 해외입양된 한국인이 성공한다고 보도되는 뉴스를 보고 일반 한국인들이 해외입양인의 대부분이 성공한다고 판단하는 것은 아주 잘못된 일이다. 성공한 극히 일부 해외입양인의 뉴스가 다수 해외입양인이 처한 어두운 현실을 왜곡하고 있다. 예를 들면 최근 프랑스정부 내각에 한국계 입양인이 장관이 되었다는 뉴스가 그것이다. 이 뉴스를 반대로 생각해보면 해외입양인이 장관직에 오른 것은 우리나라 해외입양 70여년 역사상 처음 있는 일이라는 것이다.

스웨덴 한국계 입양인 사망자 중 59.1%가 자살

스웨덴 입양인 학자 토비아스 휘비네트 (이삼돌) 박사의 자료에 따르면 1950년대 이후 스웨덴으로 해외로 입양된 한국인은 모두 약 9천 명. 이들 중 지금까지 약 110명이 자살이나 사고사로 목숨을 잃었다. 스웨덴으로 입양된 한국인을 10만 명으로 상정해놓고 자살인구 비율을 따져보면 1221명에 다다른다. 이들 중 상당수가 20세 전후라는 점은 놀라움을 자아낸다. 2004년 스웨덴 정부 자료에 따르면 스웨덴 입양인의 자살율이 스웨덴 일반인보다 3.7배, 자살시도 2.7배, 정신과치료 2.7배, 알콜중독 2.1배, 약물 중독 3.2배, 교도소 수감율은 1.5배 높게 나와 있다.

스웨덴 일간지 <다겐즈 니에터>(Dagens Nyheter)는 1999년까지 스웨덴 한국계 입양인 사망자 총 44명 중 59.1%가 자살했고, 이는 일반 스웨덴인의 자살율 26.8%보다 2배 이상 높다고 보도한 바 있다.

이 매체의 보도에 따르면 스웨덴 거주 입양인 4만 명 중 한국계 입양인은 약 8천 5백명(현재 약 9천 명)으로 스웨덴 입양인 중 1위를 차지한다. 또 스웨덴에 거주하는 아시안계 입양인 중 약 70%가 한국계 입양인이고, 이들 역시 일반 스웨덴인보다 2.2배 이상의 사회부적응 문제를 보이고 있다. 1.9배 이상은 정신건강 문제를 보이고 있다.

남성 입양인들 대부분은 미혼이고 여성 입양인들은 미혼이거나 이혼녀다. 이들 중 다수는 성탄절이나 새해에 자살을 하거나 사고사로 생명을 잃는다. 명백한 증거는 없지만 친가족이 없거나 입양부모와 관계가 안 좋은 해외입양인들이 연말연시에 외로움과 고독감으로 스스로 생명을 끊거나 잃었을 가능성이 크다고 추정할 수 있다.

어떤 해외입양인들은 어려서부터 겪은 인종차별과 정체성 위기 등에 대한 고민으로 인해 성인이 되어서도 우울증, 자살충동, 자해, 파괴적인 행동성향 등을 보여 다른 문제를 돌아볼 여지가 전혀 없다.

또 해외입양인 여성의 4분의 1과 남성의 5분의 1이 정신과 진료를 받은 적이 있다. 이는 스웨덴 일반인들보다 약 60% 높은 비율이다. 특히 해외입양인들은 정신

병원 입원율, 즉 중증 정신질환을 앓을 가능성이 스웨덴 일반인에 비해 2배 이상 높은 것도 시사하는 바가 크다.

어린 황인종 해외입양인이 혼자 백인종 국가에서 잘 적응하여 성공하기는 정말 하늘의 별따기만큼 어렵다. 오히려 친가족으로부터 강제 분리된 아이는 타국에서 외로움, 무기력, 절망감, 정서불안, 그리고 자기를 버린 모국에 대한 강렬한 분노를 느낀다. 결국 해외입양의 해가 득보다 많고 아이들의 원만한 정서발달에도 부정적인 영향을 막대하게 끼치는 것이다. 결국, 해외입양된 아이들이 성공하기는 일반인들보다 훨씬 힘들다.

맞아 죽는 해외입양인들

지난 2014년 홀트에 의해 미국으로 간 한국 입양아 현수는 정신 병력이 있는 미국 양부에게 맞아 죽었다. 또 지난 2016년에는 입양아 은비가 입양부모에게 맞아 죽는 사건이 발생했다. 현행법상 입양은 가정법원의 판결 뒤 아이를 인계 받을 수 있으나 당시 민간입양기관의 자의적 판단으로 입양된 은비는 양부모에게 맞아 죽었다. 같은 해에 포천의 입양아동도 입양부모에게 맞아 죽어서 시신이 산에 흩뿌려졌다. 이후에도 입양된 아동 몇 아이가 방치와 학대로 죽었다. 거의 해마다 입양아동들이 죽어나간 것이다.

그동안 언론을 통해 크게 알려진 것만 따져 봐도 13명의 한국 입양아가 미국 입양부모나 입양 형제에 의해 살해됐다. 그래도 우리 정부는 계속해서 미국을 비롯한 다른 국가에 해외입양을 보내고 있다.

'아메리칸 드림'을 갖고 미국에 입양 보냈지만 이국에서 양부모에게 살해돼 싸늘한 시신이 된 몇몇 한국 입양아 사건들을 살펴보자.

[사건1] 1957년 6월 5일 22달 된 한국 입양아가 오레건주에서 양모에게 머리를 맞고 살해됐다. 그 양모인 호워드(Howard B. Ott) 씨는 2급 살인으로 기소됐다. 그래도 어떤 연유인지 그로부터 1년 후인 1958년, 입양아를 살해했던 이 미국 양모는 한국 아이를 2명 더 입양할 수 있었다.

[사건2] 1972년 9월 15일, 뉴욕에 사는 2살 된 한국 입양아가 식사 중 음식을 뱉었다. 화가 난 입양모 마리(Marie Firth) 씨는 2살 된 입양아를 들어 던져버렸고 아이는 즉사했다. 입양모는 법정에서 살인죄로 유죄판결을 받았다.

[사건3] 1976년 9월 2일, 13개월 된 한국 입양아가 일리노이주에 사는 입양모 빅토리아(Victoria Neal) 씨의 폭력으로 뇌에 부상을 입고 사망했다. 그래도 입양모는 3년 후인 1979년 한국 아이를 또 입양할 수 있었다. 두 번째 입양아 역시 입양모의 구타로 두뇌에 부상을 입고 병원에 입원했다. 그 후 입양모는 더는 한국에서 아이를 입양할 수는 없었지만 이에 대해 아무런 처벌도 받지 않았다.

[사건4] 1978년 11월 18일, 한 한국 입양아가 존스타운에서 914명의 미국인들과 함께 학살됐다. 이 입양아의 양부는 피플스 템블이라는 종교 집단의 지도자 짐 존스였다.

[사건5] 1991년 2월 14일, 15세의 한국 입양아는 같이 한국에서 입양 온 입양 동생의 칼에 찔려 펜실베니아 주에서 사망했다. 이 입양 동생은 입양 형을 죽이기 전 입양 부모도 살해했고 집에 놀러 온 친척을 강간했다.

[사건6] 1992년 4월 26일, 시에틀에서 2살 된 한국 입양아가 입양모 노린(Noreen Marie Erlandson) 씨에게 맞아 죽었다. 부검 결과 죽은 아이는 타박상·두뇌손상·내장 파열·목을 물린 자국·팔에 화상 등 온 몸에 전부 65군데 부상을 입은 상태였다. 입양모는 14년 징역형을 받았다.

[사건7] 1994년 9월 27일, 14세와 15세의 한국 입양 소녀들은 입양부 제임스(James Cooke) 씨의 총에 맞아 미네소타주에서 사망했다. 이 소녀들은 죽기 전 양부에게 강간 당했고 그 피해상황을 신고하려다가 사망했다. 입양 딸 둘을 살해한 양부는 총으로 자살했다.

[사건8] 2007년 9월 4일, 인디애나 주의 13개월 된 한국 입양아는 화가 난 입양모에게 맞아 죽었다. 그 후 입양모는 6년 징역형을 받았다.

[사건9] 2008년 3월 23일, 아이오와주에서 10살·9살·5살·3살 된 입양아들이 양부 스티븐(Steven Sueppel) 씨가 휘두른 야구방망이에 맞아 죽었다. 그 후 양부는 자살했다.

돈과 해외입양 '산업'

우리나라 해외입양 역사에는 해외송출아 숫자가 급증하는 두 시기가 있었다. 1970년대 박정희 군사정권 때와 1980년대 전두환 군사정권 시기였다. 국민에게 가장 폭력적인 정권이 아이와 모성에게도 가장 폭력적이었던 것이다.

특별히 전두환 정권기인 1985년 한국 해외입양은 그 전성기를 이루었다. 당시 하루에 24명, 1년에 8,760명의 아이가 해외입양 되었다. 그렇게 아이를 대량으로 정신없이 해외에 수출하던 시절에, 그래서 아이를 팔아서 외화를 엄청나게 벌어들이던 그때는, 한국정부나 사설 입양기관이 해외입양인들의 국적 취득여부에 전혀 신경을 안 썼다.

그 결과 입양된 지 30~40년 만에 국적 없이 다시 모국으로 강제 추방당하는 해외입양인들이 생기는 것은 어찌 보면 당연한 결과다. 더욱이 미국 국회가 법을 수정하여 모든 해외입양인들을 소급하여 국적을 취득하는 조치를 취해 주지 않는다면, 미국에서 강제 추방되는 입양인의 숫자는 계속해서 증가할 것이다.

해외입양은 이승만, 박정희, 전두환으로 이어지는 권위주의 정권들의 정책이 낳은 결과물이다. 한국정부는 특별히 혼혈인, 장애아동, 극빈아동, 비혼모 아동들을 해외입양 보냈다. 국가의 기록들은 이 일이 국가의 사회정화(social cleansing) 정책의 일환이었음을 명명백백하게 드러내어 주고 있다. 1930년대 나치독일의 히틀러 정권은 독일 사회내부의 유대인, 장애인, 성소수자들을 체계적으로 제거했다. 한 마디로 아리안 민족주의에 기초한 사회정화였다. 이들이 자기 사회내부의 이른바 '위험요인'으로 여겨졌으므로 히틀러 정권은 이들을 국가권력을 통해 체계적으로 제거하기로 한 것이었다.

전두환 정권 초기에는 사회정화의 이름으로 삼청교육대와 형제복지원이라는 도구를 사용해서, 사회의 이른바 부랑인들을 제거하고 제압하려고 했다. 사실상 해외입양도 그 본질에 있어서 삼청교육대나 형제복지원의 행태와 전혀 다르지 않았다.

삼청교육대와 형제복지원의 경우 신체적 폭력이 가시적으로 분명하게 드러난 경우이지만, 해외입양은 인간의 근원적 권리인 존재의 근원을 알 권리(정체성의 권리)를 무참히 유린하면서 진행된 또 다른 국가 폭력의 한 행태였다.

이는 비단 우리나라만의 문제는 아니다. 2차세계대전 이후 50만이 넘는 아시아, 아프리카, 남미의 유색아동이 북미, 유럽, 호주로 입양 되었다. 북미 내에서도 미국 인디언과 흑인아동이 백인가정으로 강제 입양되었다.

이 인종 간 입양에 대해서 그동안 많은 필자들이 입양부모나 입양기관 시각에서 해외입양을 기록했다. 아울러 이들 대부분은 '유색인 아동'을 하나의 구원 대상으로 보는 입장을 가졌다. 그래서 이들은 인종 간 입양은 유색인 아동을 미개하고 후진적인 비서구로부터 보다 문명화된 서구로 이동시키는 구원행위로 해석했다. 그런 맥락에서 해외입양에 대한 지지, 찬사를 보냈다. 동시에 이러한 논리에 맞추어서 막대한 돈을 받고 아이를 해외에 판매하는 해외입양산업은 엄청난 돈벌이가 되는 다국적기업으로 번성했다.

까놓고 이야기 하자면 해외입양은 인도주의의 탈을 쓴 돈벌이가 좋은 산업인 것이다. 또한 보편적 인류애에 관한 이른바 '아름다운 이야기'로 여겨져 온 인종 간 입양도, 백인우월주의에 뿌리를 두고 있는 세계지배의 또 다른 방법일 뿐이다.

나는 지금 이 순간에도 여전히 해외입양을 옹호하는 이들에게 단도직입적으로 묻고 싶다.

"우리가 낳은 아이를 세계 10대 경제력을 가지고도 우리 스스로 못 키우고 해외에 판매하여 돈을 버는 것이 여전히 정당화 될 수 있나요?"

현재 해외입양산업은 단순히 인도적 행위라기보다는 아주 돈벌이가 잘되는 사업이다. 그리고 그 입양과정에서 사회적 약자와 약소국들의 목소리는 강자와 강대국들에 의해서 무시되고 간과된다.

입양인에 대한 사설 입양기관의 기록위조 혹은 신분세탁

인간은 자신의 존재근거인 자신의 출생기록과 뿌리에 대해 알 권리가 있고 또 이것은 인권의 문제다. 그런데 해외입양과정에서 수많은 아동들은 자신의 출생기록이 타인에 의해 조작되고 뿌리가 가차 없이 잘려 나가는 경험을 한다.

모든 자동차에는 차대번호가 있다. 정비사는 차대번호를 통해 차에 대한 모든 정보를 알 수 있다. 제작국가, 브랜드, 차종, 바디스타일, 안전장치형식, 엔진종류, 핸들작동방식, 제작년도, 생산 공장, 생산일련번호 등. 그리고 이 차대번호는 아무도 임의로 변경할 수 없고 변경하면 불법이다. 자동차 차대번호는 조수석 의자를 뒤로 밀어내고, 내장재를 끌어 올린 채로 보이는 홈을 조심스레 밀고 당긴 후에 간신히 볼 수 있다. 이것은 차대번호는 혹 누가 변경하고 싶어도 임의로 그래서는 안 된다는 점을 암시하고 있다.

마트에 있는 옥수수나 고기도 마찬가지다. 스마트폰으로 스캔만하면 옥수수나 고기가 언제, 어느 지역, 어느 농부에 의해서 재배되고 양육되었는지 그 품목의 역사를 한 눈에 알 수 있다. 마찬가지로 이제 시장의 거의 모든 식품이나 상품은 그 출현 과정에 대한 이력에 대해 엄정한 기록을 가지고 있고 임의로 그 기록을 변경하는 것은 불법이다. 돈과 수표도 마찬가지다. 각종 전자전기제품도 각각 그 고유 식별번호가 있고 그 식별번호를 통해 제품 역사를 한 눈에 알수 있다.

그러나 놀라지 마라. 세상에 가장 소중하다는 인간, 특히 한국인 중에는 출생에 관해 거짓으로 조작된 기록을 가지고 사는 사람들이 있다. 그것도 자의에 의해서가 아니라 타의에 의해서. 한 인간의 출생기록이 거짓이란 말은 다시 말하면 인간의 가치가 마트의 옥수수나 생선, 전자제품보다 못한 존재라는 말과 같다.

이런 믿기 어려운 일이 최근까지도 우리주변에서 벌어졌고 지금도 안 벌어진다고 확신하기 어렵다. 약 20만 명에 가까운 해외입양인들, 그들 중 수많은 이들은 자신의 개인역사라고 할 수 있는 입양기록이 타인에 의해 불법으로 조작·위조되어 있다.

또한 입양기관에서는 해외입양을 보내기 위해 한 아동을 다른 아동과 바꿔치기한다. 그 과정에 입양인의 신상정보 기록을 위조하거나 친모가 버젓이 살아있는 아동을 고아로 세탁한다. 그 결과로 지금까지도 많은 입양인들은 진정 자신이 누구인지 알지 못하며 극심한 정체성 혼란을 겪고 있다.

1983년 출생으로 추정되는 한 입양인은 1984년 신분이 조작된 후 미국으로 해외입양 되었다. 그 결과 한 사람 인생의 가장 중요한 고비, 즉 그 출발선에 대한 국가 책임의 유기로 인해 그는 지금까지 자신의 정체성 문제로 분투하고 있다. 한 아동이 한 부모에게서 태어나면 당연히 그리고 마땅히 가족관계등록부에 자신의 출생에 관한 기록이 남아 있어야 한다. 하지만 이런 당연한 일이 우리나라에서는 일어나지 않았다.

한 해외입양인은 국내입양기관에 의해 자신의 신분이 다른 아동의 신분으로 위조당한 채 지난 1976년 미국으로 입양 되었다. 입양기관이 자신의 신분을 철저하게 위조하였기에 그는 지금도 자신의 원래 정체가 무엇인지 전혀 알 수가 없다.

입양인 기록은 정부기관에서 보관하고 관리해야

해외입양인들이 친부모를 찾고자 국내 사설입양기관을 방문하면서 겪고 있는 고충 중의 하나는 입양기관의 부실한 기록관리와 임의적 기록공개다. 많은 경우 해외입양인들에 대한 기록공개여부는 입양기관 직원들의 '재량'과 당시 '무드'에 달린 것 같다. 일관성이나 원칙 없는 이런 입양기관의 '갑질'로 인해 해외입양인들은 스트레스, 불안, 심지어 분노를 느끼고 있다. 국가가 국민의 기록을 보관, 관리하고 공개하는 것처럼 해외입양인들에 대한 모든 기록도 영리와 재정적 이윤을 추구하는 사설입양기관이 아니라 공적인 국가기관에서 보관, 관리하고 공개하는 것이 마땅한 것이 아닌가!

한국정부의 적극적 지원필요

어린 시절 미국으로 해외입양 된 후 몇 십 년간 그곳에 살다가 어느 날 갑자기 미국시민권자가 아니라는 통보를 받고 한국으로 추방되었거나 추방위기에 놓인 해외입양인들이 있다. 이렇게 추방된 해외입양인들은 거리에서 노숙을 하거나 고시원 등에 머물며 말도 안 통하고 문화도 다르며 지인 하나 없는 한국에서 생존고투하며 하루하루를 버겁게 연명하고 있다. 한미 양국정부의 무관심 속에서 이미 자살한 이도 있고 거의 죽음직전에 몰린 이들도 있다. 이른바 문명국가라는 한국과 미국정부 안에서 법의 사각지대에 몰린 이들에게 한미정부는 더욱 적극적으로 대응해야 마땅하다.

한국정부는 추방된 입양인들이 잘 정착 할 수 있도록 재정적, 언어문화적, 심리상담적 지원을 해주는 한편, 미국정부에게는 이들을 인도적 입장에서 다시 미국으로 데려갈 것을 권고해야 마땅하다. 한국과 미국 정치권은 돈이나 표가 되어야 움직이는 경향이 있는데, 해외입양인들은 돈과 표에 별 도움이 안 되기 때문에 그런지 한국과 미국 정치권은 이 문제에 아주 소극적이다.

나와 인터뷰한 B씨는 지난 1964년 출생 3개월 후 미국의 한 가정에 입양되었다. 그는 미국에서 미국인과 결혼해 슬하에 아들도 하나 있다. 지난 1995년 그는 자신이 미국시민이 아니라는 것을 처음으로 알았다. 추방 위기에 직면한 그는 이후로 지금까지 추방이 안 되고자 전력을 다하고 있다. 그 와중인 지난 2012년 그가 48세가 되던 해 그는 중증 척추병으로 의사로부터 노동 불가 진단을 받았다. 의사로부터 노동 불가 진단을 받을 경우 미국시민은 월 2천 불의 정부지원금을 받을 수 있다. 하지만 아직도 미국시민권이 없고 추방위기에 놓인, 노동 불가 진단을 받은 그가 미국정부로부터 받는 지원금은 월 862불에 불과하다. 그래서 그는 지금 하루살이와 같이 앞날이 불안한 생존을 하고 있다.

그는 1964년 생후 3개월 때 미국의 가정에 입양된 후, 왜 아무도 한미 입양기관이나 정부가 입양사후관리를 전혀 안 했는지 도저히 이해할 수가 없다. 그는 두 나라의 입양기관과 정부가 그가 입양 후 미국시민권을 받았는지, 입양부모가 입양 아동을 잘 양육하고 있는지 여부 등에 전혀 점검하거나 사후관리를 하지 않은 것은 철저한 직무유기라고 생각한다.

1974년 한국에서 태어나 1983년 미국으로 해외입양 되었지만 미국시민권을 못 받고 지난 2011년 한국으로 강제추방 당한 한국계 미국입양인 필립 클레이는 한국으로 추방된 후 지난 2017년 결국 자살로 생을 마감했다.

이렇게 두 국가와 입양기관들에 의해 방치된 비극이 더 이상 반복되어서는 안 되지 않겠는가? 그래서 한국정부가 미국에서 시민권을 못 받고 추방된 해외입양인들을 위해 미국정부를 상대로 적극적인 대응이 요구된다.

미국에서 한국으로 이미 추방되어서 거리에서 노숙을 하거나 고시원 생활을 하면서 고통 받고 있는 해외입양인들에게 한국정부의 금전적 지원도 절실하다. 이들은 인종적으로는 한국인이지만 정서나 문화적으로 철저한 미국인이고, 한국에서 도움을 받을 수 있는 친척이나 지인도 거의 없다. 만약 어느 한국인을 한국정부가 아프리카 한 국가로 추방한다면, 언어도 안통하고 문화도 다르며 지인 하나 없는 그

곳에서 그 한국인이 제대로 생존할 수 있겠는가?

한국정부는 일본이 과거사를 반성하지 않고 한국피해자에게 보상하지 않는다고 늘 불평한다. 하지만 내가 보기에 해외입양인들에게 한국정부는 일본이 한국에 가한 과오를 그대로 반복하고 있다. 즉 과거를 무시하거나 외면하고 사죄에 극도로 인색한 것이다. 일본은 타민족인 한국인들에 대한 과거사를 부정하거나 외면하고 있는 것이지만 한국은 같은 민족인 해외입양들에 대한 인권침해의 과거사를 부정하고 외면하고 있다. 즉 어떻게 보면 한국은 일본보다 더욱 심한 인권침해를 자국민들에게 자행하고 있다. 이제라도 한국정부는 그런 해외입양인들의 절규에 귀를 기울여야 한다.

특별히 미국에서 시민권을 못 받고 한국으로 추방된 해외입양인들은 한국과 미국 두 나라에서 다 버림받은 사람들이다. 이 추방된 입양인들은 정서적으로 그리고 재정적으로 긴박한 상황에 놓여있다. 그래서 이들이 만약 다시 미국으로 돌아갈 수 없다면 이들이 모국에 무사히 정착할 수 있도록 한국정부의 재정적 지원과 한국어와 한국문화 소개, 상담심리 등의 다각적이고 폭넓은 지원이 필요하다.

하지만 추방된 해외입양인들은 한국정부의 너무도 인색한 지원에 절망하여 노숙자나 범죄자로 전락하거나 심지어 필립 클레이처럼 스스로 목숨을 끊는 비극이 발생한다. 삶의 벼랑 끝으로 내몰린 추방된 해외입양인들은 '미국과 한국은 둘 다, 왜 우리를 나 몰라라 하는가?'라며 절규한다. 더 늦기 전에 한국정부는 미국에서 추방된 해외입양인들을 즉각적으로 지원해 주기를 촉구한다.

입양 후 사후관리 소홀

해외입양들이 입양부모에게 성폭력이나 아동학대를 당하는 경우가 있다. 하지만 사설입양기관의 사후관리 부족으로 입양인들에게 심각한 상처를 남기고 비극적으로 끝나는 경우가 종종 있다. 사설입양기관 입장에서는 아동판매(?)가 일단 끝났으니 더 이상 아동의 복리에 사후 신경을 안 쓰는 구조다. 결국 입양에 대한 모든 절차(사전과 사후)를 공적인 국가기관에서 총체적으로 관리하는 것만이 이런 비극이 반복되는 것을 막을 수 있는 유일한 길일 것이다.

나와 인터뷰한 C씨는 지난 1966년 출생 후 1972년 친모가 사망했다. 생활고를 이유로 친부가 양육을 포기하였다. 그녀는 고아원에 있다가 1975년 미국을 거쳐 캐나다로 입양 되었는데, 그곳에서 어린 시절 입양부에게 강간을 당했다. 그 후 지금까지 그녀는 그 후유증에 시달리며 고통스런 나날을 보내고 있다.

입양되었을 당시 양부모가 마흔이 넘었는데도 어떻게 자신을 입양할 수 있었는지 그는 전혀 이해할 수 없다고 한다.

입양되기 전 한국고아원에 있을 당시 수많은 폭력과 학대에 시달렸던 그녀는 한국정부가 지금이라도 어린 시절 고아원에서 학대당하고 가혹한 폭력에 시달렸던 수많은 인권침해 피해자들에게 사과해야 한다고 주장한다.

"해외입양인들에게 한국문화를 소개하고 초대하는 한국정부 프로그램에 젊은 해외입양인으로 나이제한이 있는 것은 이해가 안 됩니다. 한국정부가 그런 나이제한을 철폐했으면 합니다.

아울러 입양인들의 출생기록은 사설 입양기관이 아닌 공적인 정부기관에서 보관하고 입양인이 원할 때 자신에 관한기록을 아무 제약 없이 볼 수 있도록 해줘야 합니다. 또한 해외입양인이 친부모를 찾으러 모국 방문 시 한국정부에서 의무적으로 통역을 제공해야 한다고 생각합니다.

그리고 해외입양이 불가피하다면 사설 입양기관이 아닌 한국정부에서 입양부모의 정신건강, 나이, 병력 등에 대해 철저히 사전조사를 해야 합니다, 그리고 입양후엔 입양사후관리가 형식적으로가 아니라 철저하게, 반드시 이뤄져야 합니다. 내 경우는 입양사후관리가 한 번도 이뤄진 적이 없습니다. 나는 내 인생을 파괴한 한국을 증오합니다."

정부의 공식적 사과와 보상 필요

줄리아 길라드 호주 총리가 지난 2013년 1950~1970년대 공권력에 의해 자행됐던 강제 입양 정책에 대해 공식 사과하기로 결정했다. 그 전 해인 2012년 12월 19일에도 호주 길라드 총리는 3월 21일 연방하원에 출석해 1950~1970년대에 광범위하게 자행됐던 호주 정부의 강제 입양 정책에 대해 공식 사과한 바 있다.

당시 호주에서는 정부 주도로 미혼모나 어린 여성에게서 태어난 아기 25만여 명을 다른 가정이나 종교단체 등에 강제로 입양 보내는 반(反)인권 정책을 시행한 바 있다. 호주 연방상원은 특별위원회를 구성, 약 18개월에 걸친 조사를 진행한 끝에 지난해 2월 조사 결과를 발표했으며 당시의 '야만적 정책'에 대한 정부 차원의 공식 사과를 권고한 바 있다.

그리고 그동안 호주 상원 특별위원회의 권고에 따라 이미 태즈메이니아·퀸즐랜드·빅토리아 주정부가 1950~1970년대 강제입양 정책에 대해 공식 사과했으며, 결국 연방정부를 대표하는 길라드 총리까지 사과를 하기로 결정한 것이다.

한편, 미국인의 러시아 어린이 입양금지법이 러시아에서 발효됐다. '디마 야코블레프 법'이라 불리는 이 법안은 미국에 입양됐다가 미국 양부의 부주의로 2008년 한여름 차 안에서 질식해서 숨진 러시아 입양아의 이름을 따 명명됐다. 지난 10년간 19명의 러시아 아동이 미국 입양부모의 손에 사망한 게 러시아에서 입양금지법이 발효된 배경이다. 이 디마 야코블레프 법 발효로 한해 평균 1천여 건에 달하던 미국의 러시아 아동 입양이 취소됐다.

러시아는 미국에서 러시아 입양아가 양부모의 실수로 사망해도 미국의 러시아 아동 입양을 중단시켰다. 그런데 지난 70년간 20만 명 이상의 아동을 해외입양 보내면서 한국정부는 국민에 대한 국가의 의무를 방기하였다. 이들 해외입양인 중 상당수가 어려서부터 인종차별, 아동학대, 인권침해를 받았고 성인이 되어서도 여전히 그 트라우마로 고통 받고 있는 경우가 있다. 진실화해위원회에서 조사하고 있는 해외입양과정에서 발생한 인권침해 조사결과를 보고서를 통해 발표하는 것 뿐 아니라 피해자들에게는 국가의 사죄와 더불어 재정적 보상을 해야 한다.

정부는 한부모 혹은 친부모를 우선적으로 지원함으로써 아주 불가피한 경우가 아니면 입양이 일어나지 않게 조치할 의무가 있다. 부득이하게 입양이 필요하다 하더라도 국내입양을 우선시하고 해외입양은 전면 중지해야 향후 해외입양과정에서 발생할 인권침해를 근원적으로 차단할 수 있다.

내가 인터뷰한 D씨는 1972년 생으로 어린 시절 프랑스로 해외입양 되었다. 그녀는 어린 시절 프랑스 입양부로부터 성추행을 당하고, 강간당하는 고통을 겪는다. 더욱 힘들었던 것은 자신이 입양부에게 강간당하는 장면을 한국에서 프랑스로 함께 입양된 남동생이 목격한 것이었다. 더구나 더욱 기가 막혔던 것은 그녀가 나중에 입양모에게 이 사건을 이야기하자 입양모는 "네가, 아빠를 유혹했잖아!"하며 오히려 피해자인 그의 뺨을 때린 것이다. 이 사건은 그녀와 남동생에게 평생, 현재까지도 지울 수 없는 상처로 남았다.

17세가 되자 그녀는 입양부모 집을 떠났고, 그 후로 입양부모와 아예 연을 끊고 살고 있다. 그녀는 18세가 되던 해 자신을 강간한 입양부를 고소했다. 하지만 증거불충분으로 입양부는 법원에서 무죄판결을 받았다.

그녀는 세계 10대 경제대국인 한국정부가 이제는 해외입양을 중단하고 자국민이 낳은 아이들은 스스로 돌보아야 마땅하다고 주장한다. 그리고 과거 아이들을 해외입양이라는 명목으로 해외에 돈을 받고 판매한 것에 대해 한국정부가 해외입양인들에게 공식적으로 사죄하고 보상해야 한다고 촉구한다.

추악하고 부끄러운 우리들의 자화상

해외입양의 인권옹호를 위해 활동하는 미국학자 아리사 오 교수는 나와의 인터뷰에서 해외입양이 미국과 한국 두 국가에 다 이득이 되었다고 평가한다.

즉 미국은 국내의 흑백 인종차별문제를 국제적으로 희석시키기 위해 백인들은 해외에서 황인종인 한국 아동을 대대적으로 입양한 것이라고 그는 진단한다. 그러면서 그는 미국이 대외적으로 미국은 인종차별국가가 아니라고 선포할 때 한국 아동을 국제 입양한 것이 그 좋은 예로 인용되었다고 한다.

반면, 오 교수는 한국에서 해외입양은 '양공주'에게서 태어난 혼혈아동을 제거하는 길이었고 이것을 한국인은 '단일민족 순수혈통'을 지키는 것이라고 믿었다고 진단한다. 그리고 박정희-전두환 정권은 빈곤층에 대한 사회복지 비용을 안 쓰고 수출주도 산업화를 이루는데 있어서 미국에서 달러를 받는 '아동수출'은 한국경제발전에 단단한 효자노릇을 했다고 본다.

현재 세계 경제대국 10위권이라는 우리나라가 아직도 이 땅에 태어난 아동을 해외에 판매하여 외화를 벌어들이는 것은 물론 너무나도 부끄러운 국제적 망신이다.

그러나 필자가 해외입양을 반대하는 것은 단순이 외국인들 보기에 창피해서 만이 아니다. 인간은 누구나 자기를 낳아준 친부모, 특히 친모와 자랄 권리가 있기 때문이다. 아이의 상실은 엄마를 미치게 만들지만 또 엄마와의 강제이별은 아이도 미치게 만든다. 그리고 그런 인간의 기본적 권리를 지켜주어야 할 마땅한 책임과 의

무는 정부에게 있다. 그런데 지금 우리정부는 그런 가장 기본적인 국가의 책무조차 방기하고 있다.

[원초적 상처: 입양인에 대한 이해]라는 책에서 입양엄마이며 동시에 아동심리학자인 저자 낸시 베라는 아기가 친엄마 품으로부터 (입양 등으로)분리되면, 그 후 입양부모가 얼마나 입양아를 잘 대해 주는 것과는 무관하게, 입양아는 자라면서 신체, 감정, 심리, 정신적으로 매순간 상처를 입고, 깊은 고통, 불안, 애정결핍, 불신 가운데 산다고 결론지었다. 그래서 저자는 이러한 입양인의 상처를 '원초적 상처'라고 부른다. 다시 말해 친엄마와 이별로 인해 입양아가 받는 '원초적 상처'는 입양아가 성인이 되어도 결코 사라지지 않는다는 것이다.

또 해외입양인 E씨는 "부모가 된 해외입양인은 일반인과는 달리, 자녀와의 관계에 있어서 전혀 (친부모로부터 보고 배운) 역할모델이 없었기 때문에, 자기정체성, 친척과의 관계, 두 문화, 언어, 혈통에 관해 더 고민해야 한다."라고 그 어려움을 내게 실토하기도 했다. 이렇게 해외입양의 트라우마는 입양인 그 세대에게서만 끝나는 것이 아니라 대를 넘어서 그 입양인이 부모가 되어서도 자녀와의 관계에서까지 지속된다.

또한, 많은 해외입양인이 압도적으로 백인이 많은 국가에서 사는데 아직도 인류가 인종차별의 벽을 벗어나지 못한 상태에서 해외입양인은 황인종에 대한 인종 차별로 수많은 상처를 평생 동안 지니고 성장한다.

입양 권장하는 정부정책

복지시설에 소속된 아동은 지난 2011년 기준 1인당 월 약 105만 원을 정부에서 지원받고 있다. 그룹홈 경우는 약 107만 원, 가정위탁 경우는 약 25만 원을 정부에서 지원받고 있다. 그러나 친엄마인 비혼모가 직접 양육할 경우 정부는 최저임금수령자에 한해 월 5만 원(24세 이하 청소년 한부모는 15만 원)의 양육비만 지원하고 있다. 이것은 정부정책이 친부모가 직접 아이를 양육하도록 권장하기보다는 시설에 보내거나 입양을 독려하고 있다는 것을 보여준다.

정부는 비혼모 지원금을 최소한 가정위탁이나 아동복지시설만큼으로 지원하여야 한다. 그래서 친엄마가 생활고로 아이를 포기하는 일이 없도록 도울 책임과 의

무가 있다. 아울러 비혼모 혼자만 아기를 책임지지 않게 친부에 대해 양육비 지불을 의무화하는 제도도 만들어야 한다.

비혼모 등 다양한 가족형태 존중받아야

이제라도 해외입양보다는 친부모가 자녀를 키울 수 있도록 정부는 비혼모에 대한 지원정책을 확대해야 한다. 세계 10위권 경제 대국이라는 우리나라가 하루빨리 '고아수출대국'이라는 오명을 벗어 버리기 위해서라도 비혼모에 대한 차별을 없애야 한다. 그리고 비혼모와 그 아동에 대한 사회적 관심이 절실하다.

정부는 국내 입양을 권장하는 것에 앞서 입양아동 부모의 90% 이상을 차지하고 있는 비혼모에 대한 지원 대책을 과감히 늘려야 한다. 비혼모에 대한 인색한 정부지원은 비혼모들을 더욱 심각한 생활고로 몰아넣는다. 세상에 자기가 낳은 아이를 버리고 싶은 부모가 어디 있겠는가? 모든 부모의 심정은 마찬가지다. 그러나 사람이 굶고는 살 수가 없다. 비혼모에 대한 인색한 정부지원은 그래서 생활고에 몰린 비혼모들의 어쩔 수 없는 양육 포기와 더 많은 입양아를 양산하는 결과를 초래한다. 이는 궁극적으로 우리나라를 더욱 불행하고 불우한 사람들이 많이 사는 사회로 만들 뿐이다.

아이가 성장하기 가장 좋은 환경은 당연히 친엄마 품이다. 그런데 우리나라 친엄마가 양육을 포기하고 입양을 보내는 가장 큰 이유는 격심한 생활고와 비혼모에 대한 우리 사회의 잘못된 편견 때문이다.

획일성보다는 다양성이 존중되는 현대사회에서는 모든 형식의 가족형태가 존중받아야 한다. 그동안 정부가 외화벌이로 해외입양을 적극 권장했지만, 이 해외입양에는 여러 폐단이 있다.

모든 인간은 자신이 태어난 가정에서 사랑으로 양육되고 성장할 기본권리가 있다. 동시에 국가와 사회는 아이가 친부모와 함께 자랄 수 있도록 보장할 책임과 의무가 있다. 그런데 우리나라 입양아의 90%가 비혼모 자녀라는 것은 비혼모의 생활고가 그만큼 심각하다는 것이며 정부는 사회적 약자를 배려해야 할 책임과 의무를 방기하고 있다는 반증이다.

한국전쟁 후인 1955년, 전쟁고아 8명이 미국으로 입양된 이후 지금까지 약 24

만 명 아동이 국내·외에 입양되었다. 지난 2011년에만 2천4백여 명이 입양됐는데, 이 중 1천5백 명은 국내로, 900명은 해외입양 되었다. 미국정부에 따르면 지난 2011년 미국 가정에 입양된 아동 수는 우리나라가 734명으로 세계 1위를 차지했다. 2위는 필리핀(216명), 3위 우간다(196명), 4위 인도(168명), 5위 에티오피아(126명), 6위 콩고민주공화국(116명) 등 순으로 조사됐다. 자랑스럽고 영광된 1등의 이 기록을 우리나라는 지난 70여 년간 독보적으로 지켜왔다.

해외입양은 노예제도와 아주 유사한 점을 가지고 있다. 둘 다 돈으로 사람을 사고팔며, 팔린 사람은 자기 의지와는 상관없이 국가와 모국어를 박탈당한다는 점이다. 그러나 아기를 파는 사람들과 사설입양기관은 이상하게도 복지사업가, 천사로 대접 받는다. 이것은 아주 잘못된 관행이고 어떤 명분으로도 정당화 될 수 없다.

지금도 해외입양이 여전히 아름다운 선행으로 포장되고 있다. 반면에 해외입양인과 비혼모들이 받고 있는 고통은 여전히 우리사회에서 무시되거나 은폐되고 있다.

거듭 말하지만, 우리나라는 세계최고의 아동수출대국이다.

1981년 파주에서 발견된 아이

한국 친부모님 찾는 독일입양인 1981년생 김매자 씨

1981년 7월 27일 경기도 파주군 천현면에서 순찰 중인 경찰이 김매자 씨를 발견했다. 발견 당시 매자 씨는 기아상태에 있었고, 매자 씨를 발견한 천현지서의 한 순경은 파주 반도의원(현 파주 사임당로 835-1에 있는 중앙외과)에 전화를 하여 기아상태에 있는 매자 씨를 돌봐 줄 것을 요청하였다. 이틀 입원 후 1981년 7월 29일 매자 씨는 경신양연회라는 고아원에 입소한다.

1981년 10월 13일 매자 씨는 경신양연회에서 홀트로 옮겨졌다. 그리고 3개월 후인 1982년 1월 25일, 생후 6개월 만에 해외입양 되어 독일행 비행기에 실렸다. 입양부는 독일의 한 제약회사에서 일하고 있었고 입양모는 파트타임으로 병원에서 일하고 있었다. 입양부모는 매자 씨 보다 4살 많은 언니와 2살 많은 오빠를 친자녀로 키우고 있었지만 아시아 여자아이를 입양하고 싶어서 매자 씨를 해외입양한 것이다.

양부모가 독일 중산층 가정이라 그런지 물질적으로 매자 씨 어린 시절은 그럭저럭 행복했다. 문제는 그녀에게 자아의식이 생긴 후 부터였다. 이 자아의식이 생긴 후부터 그녀는 감정의 기복이 심해졌고, 시도 때도 없이 다가오는 극도의 외로움, 우울증, 그리고 마음 깊은 곳에서 솟아오르는 심한 분노감 때문에 불면증으로 시달리는 삶을 살아야 했다.

특별히 어린 시절 매자 씨는 독일 아이들의 인종차별이 죽도록 싫었다. 성장하여 성인이 된 후엔 또 다른 차별에 시달렸다. 어려서는 독일 아이들이 자신을 아시아 소녀라고 놀리고 차별하던 것과는 대조적으로 한 여성으로 성장한 후에는 자기 외모가 이국적이라며 지나친 관심을 보이고 접근하는 독일 남자들이 너무 싫었다.

"저는 유럽인, 특히 독일인들이 무서워요, 인간을 신뢰하기가 힘들어요."

2005년 김매자 씨는 이태리계 독일 파트너와 딸을 하나 낳았다. 그녀의 우울증과 강박증은 딸을 낳고부터 오히려 훨씬 심해졌다. 김매자 씨가 회사에서 일을 하고 있을 동안 양모가 딸을 돌보아 주었는데, 딸을 잃을 것 같은 극도의 불안감이 엄습했다. 그녀는 회사에서 거의 10분에 한 번씩 양모에게 전화하지 않고는 견딜 수가 없었다. 결국 양모가 매자 씨에게 "얘야, 제발 안심해라! 어떻게 10분에 한 번씩 엄마에게 이렇게 계속 전화할 수 있니? 제발 엄마를 믿고 전화하지 마라!"라고 말할 정도였다.

끊임없는 우울증, 불안감, 강박증상 때문에 지난해 그녀는 4개월간 정신병원에 입원하여 치료를 받기도 했다. 정신병원에서 마사지를 받고 좋은 음악을 들으면 상태가 좋아지는 듯했다. 그러나 퇴원하면 그녀의 우울증은 입원 전과 마찬가지 상태로 돌아왔다. 정신과 의사는 매자 씨가 친부모가 그리워서 그러는 것 같다는 진단을 내렸다.

의사의 진단을 듣고, 우울증을 극복하고 친부모를 찾고자 30년 만에 매자 씨는 한국을 처음 방문했다. 인천공항에 도착하니 매자 씨 눈에서 눈물이 왈칵 쏟아졌다. 주변 시선에도 폭포처럼 쏟아져 나오는 눈물을 멈출 수가 없었다. 30년 동안 떠나 있었고 해외로 입양간 후 한 번도 온 적이 없었지만 인천공항에서 한국의 푸른 하늘을 보고 공기를 들이 마시니 여기가 정말 내 모국이구나! 하는 알 수 없는 감정이 복받쳐 올랐다. 그 후 홀트를 방문하고 친부모를 찾기 위해 2주간 동분서주 했지만 꿈에 그리던 친부모에 대해 알아낼 수 있는 것은 아무것도 없었다. 실망감을 가슴에 안고 그녀는 독일로 돌아갔다. 그러나 독일에 돌아간 후 매자 씨는 일이 전혀 손에 잡히지 않았다. 그래서 친부모를 찾기 위해 다시 모국을 방문했다.

그는 돈으로 인간을 사고 파는 입양제도 때문에 인간에 대한 신뢰를 잃었다고 토로한다. 부유한 나라가 가난한 나라를 돕고 싶으면 아이를 돈으로 사갈 것이 아니라 그냥 경제적 지원을 해주면 된다고 말하며, 어떤 경우에도 아기를 돈 주고 사는 해외입양은 정당화될 수 없다고 말한다.

다음은 매자 씨가 부모님께 드리는 편지이다.

사랑하는 부모님께

안녕하세요?

당신들의 딸 김매자입니다. 얼굴과 이름은 모르지만 저는 항상 당신들을 그리워합니다. 내 사랑은 항상 당신들을 향해 있고 변함이 없습니다.

당신들과 강제로 헤어짐으로 인해서 제 마음속에는 아무것으로도 치료되지 않는 커다란 고통과 상처가 있습니다. 전 당신들을 미워하지 않습니다. 전 당신들을 그저 보고 싶습니다. 제가 당신들을 찾을 용기를 낸 것처럼 당신들도 용기를 가졌으면 합니다.

저는 끊임없이 당신들을 찾고 있고 앞으로도 끊임없이 찾을 것입니다. 그러나 당신들을 어디서 찾을지는 모르겠습니다. 저의 유일한 희망과 꿈은 나를 낳아준 당신들을 만나는 것입니다. 당신들을 만날 수 있는 소중한 기회를 제게 주시기를 바랍니다.

정말 너무 보고 싶습니다.

당신의 딸 김매자 올림

왜 싱글맘과 아기에게 범죄자 낙인을 찍나

덴마크 입양인 메타 카터 김 씨

메타 카터 김은 1966년 12월 3일 김제리(안동김 씨)라는 이름으로 한국에서 태어났다. 그녀는 김명혜라는 한국여성과 조 메클레인(Joe Mclain)이라는 주한미군 사이에서 태어났다. 그러나 만 2살 때인 1968년 10월 7일, 그녀는 서울 동대문구 휘경동의 한 고아원에 들어가게 되었다. 그리고 다음 달인 1968년 11월 27일 덴마크의 가정에 입양되었다. 그리고 친어머니인 김명혜 씨를 찾기 위해 입양된 지 43년 만에 한국을 찾았다.

메타 김의 친엄마 김명혜 씨는 1938년 3월 15일 3남 2녀의 막내딸로 태어났고 김명혜 씨의 가족은 양복점과 미장원을 운영하고 있었다. 메타 김 씨는 "엄마는 아빠와 4년간 사귀었고 결혼하지 않은 상태에서 내가 태어났다고 합니다."라고 전했다.

메타 김 씨의 친부 조 메클레인(Joe Mclain) 씨는 1943년 미국에서 태어났고, 친부는 그녀가 해외입양될 당시인 1968년엔 미국으로 귀국하여 미육군에서 엔지니어로 복무하고 있었다.

"엄마는 혼혈아동인 내가 한국에서 살면서 겪을 운명에 염려가 되어서 나를 해외입양보내기로 결심했다고 합니다. 그래서 그런지 1951년부터 1977년까지 한국에서 자란 혼혈아동은 전부 270명밖에 안 되더군요. 친엄마가 남긴 나에 관한 기록을 읽는 것만으로도 친엄마가 나를 얼마나 사랑하셨는지 느낄 수 있었답니다. 그러나 친부모 없이 이국에서 40여 년을 살아오면서 내 속에선 항상 내가 패배자와 버림받은 사람이라는 느낌도 항상 있었답니다."

메타 김은 1991년부터 1993년까지 미국에서 그래픽디자인과 사진학을 공부할 기회가 있었다. 그때 친부를 찾기 위해 미국전역자협회 등을 방문하여 수소문했지만, 당시엔 친부의 이름과 그에 대한 기록이 없었기 때문인지, 결국 친부를 찾지 못했다. 2000년과 2001년에도 그녀는 1년간 미국언론사에서 일러스트레이터로 일하게 되었는데, 당시에도 틈만 나면 친부를 찾으려고 노력했지만 역시 허사였다. 그녀가 친부모의 사진을 구한 것은 불과 지난 달이었다.

지금은 전혀 그 뜻과 의미를 기억 할 수 없지만 입양되기 전 그녀는 한국노래를 부르던 기억이 난다. 그녀의 덴마크 엄마 크리스틴(1939년생)과 아빠 한스(1940년생) 모두 교사였고 그녀가 입양되었을 당시 친자녀가 4명 있었다. 그러나 양부모는 그녀를 입양한 지 1년 만인 1969년에 이혼했다. 당시는 너무 어려서 그런지 메타 김은 아무런 충격도 느끼지 못했다. 다만 자기와 다르게 생긴 백인들 가운데에서 혼자 혼혈아로 살면서 표현할 수 없는 고독을 느꼈다고 한다.

10대에 그 외로움이 극에 달했다. 당시 그녀는 자신과 같은 혼혈인종을 어디에서도 볼 수가 없었다. 당시엔 그녀가 좋아하던 TV에도 유색인종이 전혀 출현하지 않았다. 한 번은 자기가 살던 시골동네에 7-8세로 보이는 한국아이가 입양되어 왔는데 그 아이는 유일하게 백인이 아닌 아이였지만 혼혈아인 자기와는 또 다르게 보였다. 그래서 그녀는 10대를 심한 고립감에 둘러싸여 지냈다고 한다.

지금은 덴마크 양부모들도 입양인들이 친부모 찾는 것을 적극 지원해주고 있다. 하지만 메타 김이 어렸을 때는 덴마크 사회에서 조차 입양아에게 친부모와 양부모는 병존할 수 없는 존재처럼 여겨졌었다.

그녀는 해외입양인은 마치 뿌리가 잘린 나무와 같다고 한다. 인간으로서 항상 뭔가 허전하고 공허한 존재. 그래서 메타 김은 이러한 근원적 공허함을 음악과 예술을 통해 채우고자 노력한다.

친엄마와 내 생애가 달랐던 이유

그녀는 19세에 덴마크에서 싱글맘이 되었다. 그러나 싱글맘인 자신의 친엄마와 자기의 생애가 달랐던 것은 정부와 사회의 반응 때문이었다고 한다.

다음은 메타 카터 김 씨의 전언이다.

덴마크에서 임신을 하는 과정이나 그 후에도 덴마크 의사, 공무원, 사회복지사들은 한 번도 내게 입양을 권한 적이 없습니다. 말로 격려해 주고 경제적으로 내가 아이를 혼자서도 키울 수 있도록 충분하게 지원해 주었습니다. 한국도 이제 싱글맘과 혼혈아에 대한 차별과 편견을 버리고 정부는 이들을 경제적으로 충분하게 지원해 주고 사회는 따스하게 맞아주는 날이 빨리 오기 바랍니다.

해외입양인은 자기모습을 거울을 통해 볼 수 없는 사람과 같아요. 저는 친엄마를 너무나 만나고 싶습니다. 또 친엄마에 대해 많은 생각을 합니다. 45년 전에 만졌던 엄마의 손을 다시 만지고 싶습니다. 도와주십시오. 엄마와 아기가 생활고, 사회적 차별 때문에 함께 살지 못하고 헤어지는 것을 방임하는 정부는 곧 인권을 침해하는 것입니다. 한 여성이 싱글맘으로 사랑하는 아기와 함께 사는 것이 범죄인가요? 결혼 여부와는 무관하게, 아기를 갖는 것, 또 한 아기가 탄생하는 것은 이 세상에서 가장 아름답고 소중한 일입니다. 그런데 왜 그 아기와 엄마에게 범죄자처럼 낙인을 찍나요? 엄마와 아기는 헤어지지 않고 함께 살 권리가 있고 정부와 사회는 그런 인간의 기본권을 지켜주어야 합니다.

부모님 얼굴도 이름도 모르지만 사랑합니다

한국인 부모 찾는 미국 입양인 김신숙 씨

김신숙 씨(미국 이름 수잔 윌리암스)는 한국 친부모를 찾으러 미국에서 왔다. 입양문서에는 그녀의 혈액형은 A형이며, 1972년 1월 6일(추정) 서울에 있는 한 병원에서 태어난 것으로 되어 있다.

1974년 6월 15일 미아보호소를 통해서 서울시립아동병원으로 들어온 그녀는 1974년 6월 26일 서울 노량진에 있는 성로원 아기집(고아원)으로 옮겨진다. 그 후 성로원에서 1974년 10월 29일까지 약 4개월간 살다가 1975년 4월 15일 홀트아동복지회로 옮겨진 후 1975년 11월 미국 뉴욕주로 입양가게 되었다.

그녀가 2005년 한국에 왔을 때 아동병원과 성로원 아기집을 몇 차례 방문한 적이 있었는데 아동병원에서는 자신에 대한 기록을 찾을 수 없었다. 그 뜻은 입양 도중 자신의 이름이나 신상에 대한 기록이 누락되었거나 바뀌었음을 의미한다. 그녀는 이제 자신의 역사에 대한 정확한 기록이 없다.

김선숙 씨는 자신이 입양되기 전 한국에서 보낸 3년 동안의 생활이나 친부모에 대해 기억하는 것은 하나도 없다. 다만 그녀의 입양기록엔 이렇게 적혀 있다.

"행복하게 노는 아기. 그러나 장난감을 혼자 갖고 논다."

그녀는 기자와 인터뷰 중 지금도 자기가 남들과 나누는 생활에 인색하다며 "40년 동안에 하나도 변한 것이 없네요"라며 다소 자괴지심(自愧之心)이 섞인 목소리로 말했다. 그녀는 코넬대학교에서 교육학 석사를 취득한 영재임에도 불구하고, 친부모를 찾다가 지친 탓인지 기자와의 인터뷰 중에는 종종 의기소침하고 힘없는 모습을 보였다.

다음은 김신숙 씨의 사연을 요약한 글이다.

친부모 찾으러 가출도

1988년 올림픽 기간 중 양부모님이 휴가 차 나를 한국에 데리고 오셨다. 그때 나는 겨우 16세였다. 당시 2주 정도 한국에 있었는데 나는 양부모로부터 도망가서 아예 한국에 머무르고자 가출을 시도했다. 그 후 심리상담을 받고 내가 문화충격 때문에 그러는 것으로 진단이 나왔다. 미국으로 돌아가서 심층적으로 정신과 의사와 상담을 했고, 정신과 의사는 나의 이성을 잃은 행동이 당시로서는 정상적인 반응이라고 진단했다. 그 후 2002년 두 번째로 한국에 왔고 그 다음엔 수시로 한국과 미국을 오갔다. 전부 합쳐 한국에 산 지가 5~6년 정도 된다.

그렇다고 양부모에게 문제가 있었다는 뜻은 아니다. 양부모님은 내게 많은 것을 주셨는데 그것은 사랑, 가정, 많은 장난감과 음식이었다. 10대 때도 그럭저럭 친구들과 잘 어울린 것 같다. 허나 부끄럼이 많았고 어색함을 많이 느끼는 성격이었다. 그것은 다른 10대 아이들도 마찬가지가 아닐까 한다.

10대가 되고 성인이 되면서 나는 혼자 있는 시간을 즐겼다. 부모님은 나 외에 백인 소년인 오빠 2명과 다른 한국인 여동생 1명도 입양했다. 양모는 불임여성이어서 아이들을 입양했다. 백인 오빠들과는 가깝지 않지만 한국인 여동생과는 가깝게 지낸다. 우리가 둘 다 한국인이라서 그런지도 모르겠다. 내 여동생이 나중에 친부모를 찾고자 한다면 내가 여러 가지 도움을 주고 싶다.

내 양부모님들은 일중독에 걸린 분들도 아니었고 다른 가족과 비교해서 우리 가족은 그나마 행복한 시간을 보낸 것 같다. 내가 커서 친구들을 만나고 우리 가족과 비교해본 결과 우리 가족이 완벽하지는 않지만 보통가정의 범주에 든다고는 말할 수 있다.

물론, 10대에는 다른 한국 입양인들처럼 물론 내 정체성에 대한 고민도 많이 했다.

친부모를 찾기 위해 꾸준히 노력했다. 몇 년 전에는 KBS TV와 인터뷰도 했고, DNA 검사도 했다. 그러나 아직까지 친부모를 찾지는 못했다. 안타까운 일이다.

다음은 김신숙 씨가 친부모에게 보내는 편지이다.

친부모님 사랑합니다. 얼굴과 이름은 모르지만 친부모님을 만나고 싶습니다. 그래서 함께 산책도 가며, 한국 전통음식도 함께 먹고, 빨래도 함께 하며, 집도 함께 청소하고 싶습니다. 보통 한국의 부모와 자녀가 함께 하는 것을 제 친부모님들과 함께 해보고 싶습니다. 그것도 안 되면 아무것도 안 하더라도 그냥 친부모님과 함께 있고 싶습니다!
한국 정부는 제가 한국 친부모님을 찾을 수 있도록 도와주시길 요청드립니다. 저를 알아보시는 분들은 뿌리의집으로 연락 부탁드립니다.

1981년 군산에서 발견된 은미 씨

27년 만에 친부모 찾아 한국에 온 프랑스 입양인 유은미 씨

유은미 씨는 1984년 7월 4일, 5살 때 프랑스로 입양되었다. 은미 씨의 프랑스인 양부모는 당시 많은 한국의 해외입양 후보자 아이들 사진 중에서 은미 씨의 얼굴이 가장 마음에 들어서 입양을 결정했다.

다음은 은미 씨와의 대화를 정리한 글이다.

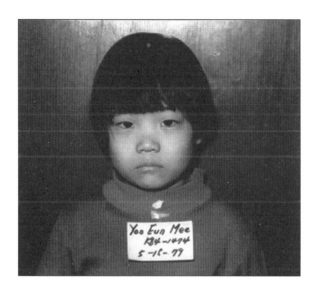

나는 1979년 5월 15일 태어났다고 기록되어 있다. 어린 시절 기억나는 것 한 가지는 나와 비슷하게 생긴 아이들이 내 주변에 누워서 함께 잠을 자고 있는 모습이었다. 아마도 고아원 시설이었던 것 같다. 그 다음은 비행기를 타고 어디론가 가는데, 한국승무원이 맛있는 음식을 주었던 기억이 난다. 그것이 내가 기억하는 어린 시절 한국과 한국인에 대한 기억의 전부다. 친부모나 형제들에 대해 아는 것은 전혀 없다.

입양아로 자라면서 가장 고통스러운 것은 친부모가 누구인지 모르는 것이다. 친부모의 얼굴과 모습이 어떠한지 궁금하고 보고 싶다. 또 내가 정체성 문제로 한참

고민할 때 내 양부모님은 그런 나의 감정을 전혀 이해하지 못하셨다. 혼자서 인간의 가장 근원적 문제인 존재 문제를 고민하고 극복해 나가는 일은 너무나 외롭고 고된 시간이었다.

나는 12살부터 21살 때까지 내가 누구이고 어디에서 왔는가라는 문제를 골똘히 생각하는 데 많은 시간을 보냈다. 그때 내 기분은 항상 우울했다. 당시 나는 왜 내가 해외로 입양될 수밖에 없었는지 그 이유를 이해 할 수 없었다. 학교에서도 나는 항상 이방인처럼 느꼈다. 다른 프랑스 급우들이 무슨 생각을 하고 있고 어떤 정신 상태를 갖고 있는지 짐작조차 할 수 없었다.

양부모님은 아무것도 감추지 않으셨다. 양부모님은 내가 충분히 성숙하다고 느꼈을 때 내 입양 이야기를 다 해주셨고 내 입양관련 서류를 다 보여 주셨다. 나는 18개월 되었을 때인 1981년 4월 2일 나는 전라북도 군산시내 길가인지 아니면 군산의 모세아동보호소 앞에서 발견되었다고 했다. 내 뿌리에 대해 이 이상 알지 못한다. 아마 내 친부모님이 군산에 사셨던 것으로 짐작할 뿐이다. 그 후 4살 때인 1984년 3월 30일 나는 서울에 있는 홀트아동복지회로 옮겨졌다. 그 후 1984년 7월 4일 프랑스로 해외입양 되었다.

내 이름은 은미

이번 한국에 와서 나는 홀트를 방문했다. 홀트 담당자는 유은미가 내 실제 이름 같다고 했다. 내가 발견되었을 당시인 1981년 4월 2일 나는 18~20개월이었단다. 보통 18~20개월 된 아이들은 자기 이름을 말할 수 있고, 그래서 아마 내가 당시 사회복지사에게 한국말로 내 이름을 말했을 가능성이 크다고 한다.

나는 홀트에 있는 내 기록을 보러 한국에 왔다. 내 친부모님의 이름, 주소 등을 알아보고자 왔다. 그리고 1981년 4월 2일 당시 내가 발견된 군산시를 방문하여 경찰서와 시청의 공무원들을 만나서 나의 뿌리를 추적할 것이다. 나는 이번 방문에서는 친부모님을 꼭 찾고 싶다. 나를 낳아주신 부모님을 모른 채 사는 것은 너무나도 큰 고통이며 깊은 공허감을 느끼게 한다. 친부모님을 만나게 된다면 내가 그 분들을 얼마나 사랑하는지 말해주고 싶다. 입양 이유에 상관없이 나는 양육을 포기하신 내 친부모님을 원망하지 않는다.

또한 나는 한국에 오니 마치 집에 돌아온 것처럼 기분이 좋다. 내가 한국인들과 함께 자연스럽게 녹아드는 기분이고 흥분을 느낀다. 나는 비록 법적으로는 프랑스인이지만 여전히 프랑스에서 이방인처럼 느끼고 부자연스러움을 느낀다. 프랑스에서 거리를 지날 때면 어떤 프랑스인들은 나를 흘끔 쳐다본다, 비록 27년의 시간이 있었지만 한국에 오자마자 나는 내가 한국인이라는 것을 느꼈고 뜻은 알 수 없지만 한국어의 소리가 불어보다 더욱 내 귀에 친숙한 기분이다. 불어에 비해서 한국어는 더 말이 빠르고 더 큰소리로 들리는 것 같은데 뜻은 몰라도 한국어가 나에게 착 달라붙은 느낌이다.

마지막으로 하고싶은 말은, 한국정부는 비혼모들이나 한 가족이 자기의 아이들을 포기하지 않고 스스로 키울 수 있도록 사회복지와 정부지원을 늘리고 도와주어야 한다는 것이다. 아이가 친가족이나 친모와 살 때 그 아이는 정서적으로 안정되고 행복한 삶을 누릴 수 있다. 정부의 존재 이유는 국민들에게 행복한 삶을 제공해주는 데 있다고 믿는다.

국가가 위조한 개인의 이름

미국입양인 영화감독 디앤 볼쉐이

디앤 볼쉐이 감독은 1957년 강옥진이라는 여성으로 한국에서 태어났다. 디앤 볼쉐이 감독의 자전적 영화 〈차정희에 관하여〉는 제 1회 입양인 영화 예술제에서 상영되었다. 이 영화는 감독이 1966년 미국으로 입양될 당시 뒤바뀐 운명의 소녀이자 또 다른 자아인 차정희를 찾아가는 여정을 그린다. 특히 이 영화는 아이들이 입양 과정에서 상품화되는 날카로운 도덕적 문제와 한국에서 버려진 고아들이 서구의 양부모들에 의해 소중한 욕망의 대상으로 전이되어 가는 과정을 보여준다.

다음은 디앤 볼쉐이와의 대화를 요약한 글이다.

차정희는 '선덕 고아원'에서 같이 있었던 소녀다. 그녀와 나는 공통점이라곤 전혀 없었으며 또한 그녀를 개인적으로 잘 알지 못했다. 그러나 내가 8세가 되던 해, 미국으로 입양되기 직전 나의 신원은 그녀의 신원과 바뀌어 버린다. 차정희라는 이름과 그녀의 생일, 그리고 그녀의 가족 기록이 나에게 주어졌으며 이러한 사실은 비밀에 부쳐졌다. 동시에 나의 이전 기록은 관료적 술책으로 인해 완전히 말소되었다.

내가 입양되면서 내 신분이 차정희라는 아이로 바뀌는 것이 내 입양 생활 중 가장 어렵고 힘든 일이었다. 당시 나는 8살이었다. 그 말은 당시에 나는 내가 누구인지, 내 이름이 뭔지, 나의 정체성이 무엇인지 이미 또렷하게 자각하고 있었다는 말이다. 그러나 1966년 내가 샌프란시스코에 도착했을 때, 나는 영어도 몰랐고, 내가 친숙했던 모든 환경으로부터 단절된 상태였다. 나는 결국, 양부모에게 나는 당신들이 생각한 차정희라는 아이가 아니고 강옥진이라는 다른 아이라고 확신시키려는 노력을 포기할 수밖에 없었다. 내가 강옥진이라는 증거가 말살되었기 때문이었다. 정체성 상실과 혼동에 따른 충격 때문이었는지 나는 곧 기억상실증에 걸렸고 한국에 관한 모든 것이 내 머릿속에서 지워졌다. 나는 과거가 없는 아이가 된 것이다. 나는 무력감 때문에 한동안 아무것도 할 수 없었다.

그 후 수년 동안, 나는 내가 차정희라는 아이의 미래 인생을 방해했다는 죄책감으로 엄청난 부담을 느꼈다. <차정희에 관하여>라는 영화는 그래서 그런 잘못된 과거 역사를 바로 잡으려는 시도고 표현이었다. 동시에 이 영화는 입양인으로서의 내 개인적 삶을 조망했고 나아가 역사적으로 또 사회적으로 입양인의 삶이 어떤 것인지 보여주고 싶었다. 예전에 본 자료에 의하면 한국에서 미국으로 입양된 해외입양아의 약 30% 정도가 내 경우처럼 신분이 위조된 것으로 기억한다.

그러나, 내가 만난 모든 차정희들은 놀랍고 강인한 분들이었다. 나는 전부 101명의 차정희라는 이름의 분들과 전화통화를 했고, 그 중 6명의 차정희 씨는 직접 방문하여 만났다. 내가 만난 차정희들은 척박하고 어려운 현실 속에서 끈기와 강인함을 유지하고 있었다. 또 자신이 살아온 고달픈 인생여정을 나와 기꺼이 공유해 주신 것을 감사하게 생각한다. 내가 직접 몸으로 만난 대부분의 차정희들은 내 세대의 한국여성들이었다. 나는 그분들을 방문하고 만나면서, 그분들은 한국전쟁 직후에 태어난 여성들로 정말 고된 삶을 살아 오셨다고 느꼈다.

그러나 그분들은 많은 어려움을 극복하며, 의미 있는 삶을 살고자 노력하시고, 가족도 돌보며, 자녀들도 어려운 환경에서나마 대학에 보내셨다. 1957년생 해외입양인으로서 나는 종종 들은 적이 있다. 내가 어려서 미국에 입양가지 못했더라면 나는 기아로 굶어 죽었거나 매춘부가 되었을 것이라고. 그러나 여러 차정희들을 만나면서, 내가 입양되지 않고 한국에서 자랐더라도, 굶어죽거나 창녀가 되지 않고도, 다른 차정희들처럼 나는 생존하여 의미 있는 삶을 살 수 있었을 것이라는 생각이 든다. 그리고 그러한 깨달음은 내게 중요한 교훈이었다.

엄마 제가 돌아왔어요

친모 권정녀 씨를 찾는 미국입양인 이희혁 씨

이희혁 씨는 1971년 4월 24일 출생했다고 기록되어 있다.(해외입양인의 출생기록은 조작
이 많아서 이 씨도 자신의 출생기록을 확신할 수 없다). 그의 여동생 이현미 씨는 1973년 2
월 12일 출생한 것으로 추정된다. 이희혁, 이현미 씨 남매는 친부 이봉구 씨와 친모 권정녀
씨 사이에서 태어났다.

이 씨는 자기가 자라던 곳이 공동경비구역(DMZ) 부근 한 마을이었다고 추정한
다. 미군과 한국군이 무기를 들고 마을을 지나가던 장면, 공습경보사이렌 소리 등
을 보고 들은 기억이 나기 때문이다. 친부는 노동자로 생활하셨고 모친은 집에서
여동생 현미 씨와 자신을 양육하며 동시에 조그만 상점을 운영하셨던 것으로 희
혁 씨는 기억한다.

넉넉하지 않은 형편이었지만 이 씨 남매는 친부모님과 행복한 어린 시절을 보냈
다. 그런데 이희혁 씨가 불과 6살, 여동생 이현미 씨가 4살이 되던 해인 1977년 2월
20일, 친부 이봉구 씨가 췌장암으로 갑작스레 세상을 떠났다.

이때부터 이 남매의 비극은 시작되었다. 친모 권정녀 씨는 졸지에 어린 젖먹이 둘
을 키우며 생계를 혼자 책임져야 하는 과부가장이 되었다. 권씨는 홀로 생계를 유
지하며 4살짜리와 6살짜리 어린아이 둘을 어떻게 해서든지 키우고자 했다. 희혁 씨
는 가끔 친척들이 방문해서 엄마가 일하시는 사이 희혁 씨 남매를 돌보아 주던 기
억이 난다. 그런 것이 여의치 않자, 한동안 또 희혁 씨 할머니가 오셔서 엄마가 일

하시는 동안 손주들을 돌보아주기도 하셨다.

하지만 사회복지가 전무했던 박정희 유신독제체제 하에서 사랑하는 가족이 한 지붕 밑에서 함께 살고자 하는 권정녀 씨의 소박한 꿈을 이루기는 불가능했다. 희혁 씨는 무엇이든 먹고 싶었지만 먹을 것이 하나도 없는, 배고팠던 어린 시절을 지금도 기억한다. 희혁 씨는 집에 쌀이 떨어졌을 때 한번은 동네 교회에서 쌀을 가져다주던 것을 본 기억이 난다. 희혁 씨가 살던 집은 한옥 단칸방이었다.

친모 권정녀 씨는 낮에는 고단한 노동을 하고 밤에는 어린 자녀를 양육하며 무려 9개월을 버텼다. 그러다 결국 극심한 생활고로 자녀양육을 포기하기로 결심한다. 희혁 씨는 자신을 입양기관으로 보내기 전 날, 친모의 마지막 말을 지금도 또렷하게 기억한다.

"이제는 너와 현미를 고아원에 보낼 수밖에 없구나! 희혁아! 현미를 잘 돌보아 줘야해? 알았지? 고아원에서 너희를 부자나라 미국으로 입양 보내준대. 그럼 너희들은 여기처럼 배고프지 않고 먹고 싶은 것 마음대로 먹으며 배부르게 잘살게 될 거야. 알았지?"

엄마가 마지막으로 해준 말, 꼭 돌아와야 해? 그래서 엄마와 함께 춤추자! 응? 희혁 씨는 엄마가 자기의 작은 손을 꼭 잡으며 36년 전에 해주신 이 마지막 말을 지난 세월 동안 한 순간도 잊어본 적이 없다.

마침내 1977년 11월 19일, 남매는 서울시 도봉구 쌍문동 한국사회봉사회로 인계되었고, 그곳에서 고아 호적이 만들어진다. 입양을 보내려면 고아가 되어야하기 때문에 희혁 씨 남매의 신분세탁이 이루어진 것이다. 그로부터 8개월 후인 1978년 7월 23일 희혁 씨 남매는 미국 싱글맘에게 해외입양 되었다.

1978년 7월 미국 뉴욕 JFK공항에 4살 여동생 현미 씨의 손을 잡으며 내린 6살 소년 희혁 씨는 자기 미국 새 가족이 누구일까 궁금했다. 희혁 씨 남매를 공항에 마중나온 입양엄마는 남편이 없는 싱글맘이었다. 집에 도착하자마자 입양엄마는 희혁 씨 남매에게 전에 먹어본 적이 없는 맛있는 음식을 주었고 희혁 씨는 태어나서 처음 맛보는 달콤한 오렌지주스에 매료되었다.

처음 학교에 간 날 한 백인소년이 학교건물에 들어가기도 전 학교마당에서 희혁 씨를 '짱꼴라'라고 놀려댔다. 그 소년이 하는 말이 무슨 뜻인지 몰랐지만 자기를 놀리고 있다는 것을 직감한 희혁 씨는 어느새 그 소년의 입에 주먹을 날렸다. 그리고 피를 흘리는 그 소년에게 '난 한국인이야!' 라고 소리쳤다. 희혁 씨는 자기를 놀리는 미국학생들과 수시로 주먹을 휘두르며 싸웠다. 하루도 안 싸울 날이 없을 정도로. 어느새 그는 미국학교에서 싸움꾼으로 통했고 이후로 아무도 그를 놀리지 않았다.

그렇게 어느덧 미국입양생활 10년이 지났다. 어느 날 희혁 씨는 자기와 10년 전 한국에서 같은 비행기를 타고 같은 동네로 입양된 16세 소녀 크리스타가 자살했다는 소식을 들었다. 충격이었다. 친하게 지내던 그녀의 자살 소식에 희혁 씨는 한동안 아무 말도 할 수 없었다.

그녀의 자살은 희혁 씨에게 자기가 꼭 미국 아이들보다 더 잘해야겠다는 결심을 심어주었다. 또 외모 때문에 자신을 괴짜 취급하는 미국 아이들에 대항해 희혁 씨는 더욱 괴짜가 되기로 마음먹었다. 그래서 그는 다른 아이들의 시각을 의식하지 않고 하고 싶은 대로 마음대로 청소년기를 보냈다.

학교에서의 인종차별은 희혁 씨가 주먹으로 해결할 수 있었는데 문제는 미국 가족의 인종차별이었다. 처음 입양엄마의 엄마, 즉 외할머니를 만났을 때 외할머니는 입양엄마에게 저런 짱꼴라를 절대 우리 가족으로 받아들일 수 없다고 소리치셨다. 할머니의 이러한 말은 희혁 씨에게 지울 수 없는 아픔이 되었다. 입양 엄마는 격렬한 논쟁 끝에 결국 외할머니가 희혁 씨 남매를 손주로 받아들일 수밖에 없도록 만들었다.

꼭 돌아와야해

당시 입양 엄마는 뉴저지주에서 사회복지사로 일하고 있었고 열정과 애정이 있는 싱글맘이었다. 지금 입양 엄마는 은퇴하여 노후를 보내고 있고, 여동생 현미 씨는 딸 셋을 낳고 행복하게 살고 있다. 희혁 씨는 알라스카에서 일하는 어부가 되었다.

희혁 씨는 지난 36년간 하루도 친모 생각을 안 한 적이 없다. 특별히 친모가 남긴 말, 꼭 돌아와야 해? 그래서 엄마와 함께 춤추자! 응? 이 말을 생각할 때마다 가슴이 뛰어오르는 흥분을 감출 수 없었다. 지금은 가슴 아프게도 친모의 얼굴을 기억할 수 없지만, 친모를 한 순간도 그리워하지 않은 적이 없다고 말하는 희혁 씨의 눈시울이 붉어졌다.

그동안 여러 사정으로 모국을 방문할 수 없었던 희혁 씨는 36년 만에 처음으로 친모를 찾으러 방한한 것이다. 인천공항에 도착하자마자 자기를 입양 보낸 한국사회봉사회를 찾았다. 그러나 안타깝게도 친모에 대한 기록을 전혀 찾을 수 없었다.

다음은 희혁 씨가 친모에게 보내는 편지다.

엄마, 너무 사랑하는 것 아시죠? 엄마의 희생에 감사드립니다. 난 엄마가 우리 남매를 입양 보낸 것에 대해서 서운한 것보다는 고마움과 측은한 마음밖에 없습니다. 아버지 돌아가시고 혼자서 어린 저희들을 키우시느라 얼마나 고생이 많으셨어요.

엄마 말씀대로 제가 꼭 돌아왔으니 이제 약속대로 제 손을 잡고 춤추셔야죠?

출생의 비밀 알고싶어 한국에 왔습니다

네덜란드 입양인 서영애 씨, 엄마 찾아 3만 리

1973년 12월 9일, 서영애 씨의 친모로 추정되는 행상차림의 한 여성이 이은선 씨 집 문을 두드렸다. 그리고 이은선 씨에게 시장에 잠깐 다녀올 테니 잠시만 아이들을 봐 달라고 부탁한 후 영영 돌아오지 않았다. 다음은 서영애 씨와의 대화를 요약한 글이다.

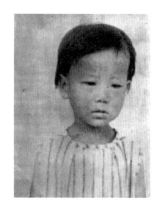

나는 당시 생후 3개월 즈음이었고, 오빠는 3살이었다. 이은선 씨가 우리를 처음 만났을 당시, 오빠에게 이름을 묻자 3살 된 오빠가 자기 이름은 '서영진'이고, 내 이름은 '서영애'라고 답변했다.

친모가 돌아오지 않자 이은선 씨는 우리 남매를 1년 반 정도 키우셨다. 그러나 이은선 씨는 가난한 분이었기 때문에 내게 우유를 먹일 형편이 안 되서 밥물과 죽만 먹였고, 나는 결국 영양실조에 걸렸다. 생활형편이 어려운 이은선 씨는 자신이 우리를 계속 키우면 우리남매 건강이 더욱 악화될 것으로 판단했다. 결국 이은선 씨는 우리를 고아원으로 데려갔다. 이은선 씨는 아이들이 고아원에서 네덜란드로 입양되면 더 좋은 삶을 살 것이라는 말을 들은 적이 있었다.

75년 7월 2일 이은선 씨는 우리를 교회에서 운영하는 충남지역 한 고아원으로 데려갔다. 당시 고아원의 양은주 씨는 우리 남매를 네덜란드로 함께 입양 보내자는 이은선 씨의 제안이 좋은 생각이라고 했다. 그래서 서울 쌍문동에 있는 한국사회봉사회에 연락했고, 서울에 있는 한국사회봉사회에서 정인순 씨가 와서 우리를 만났고 몇 가지 기록을 남겼다. 당시 우리 남매에 대한 기록은 이렇다.

서영진: 건강하고 다정한 소년. 1부터 40까지 셀 수 있고 색맹 아님. 여동생 서영애를 지극하게 아끼고 돌봐줌. 그림 잘 그림.

서영애: 귀엽고 요리나 옷을 말리는 등 작은 집안일도 도와줌. 뛰려고 노력은 하지만 잘못함. 영양실조로 건강이 좋지 않음. 음식을 충분히 섭취하면 좋아질 것으로 보임. 부끄럼을 타고 엄마, 이거, 저거, 내거 등 간단한 말을 함. 인형과 곰인형을 갖고 놈. 이야기 듣기 좋아함. 우측 뺨에 점이 있고 우측 눈이 좌측 눈보다 약간 큼.

오빠는 오빠의 친형, 그러니까 내 큰 오빠와 밤늦게 음식을 구하러 작은 시장에 갔던 것을 기억했다. 오빠가 어린 눈으로 봐도 아주 작은 시장으로 판매대도 몇 개 없었다고 했다. 오빠와 큰 오빠는 팔다 남아서 버릴 음식을 얻어서 집으로 갖고 왔다고 했다. 또 오빠는 따로 살고 있던 큰 누나 집을 방문해서 자고 오던 적도 있었다고 했다. 오빠는 큰오빠와 물에 파이프를 불면서 놀던 기억이 난다고 했다. 그러나 오빠는 친부모님에 대해선 기억이 안 난다고 했다.

오빠는 75년 11월 7일 네덜란드로 입양 갔고 나는 몸이 아파서 오빠가 가고 두 달 후인 76년 1월 2일 갔다. 오빠는 입양 간 후 한국에서 살던 곳을 그림으로 그렸는데 그 그림에는 친모가 살던 집에서 이은선 씨가 살던 집으로 가는 길을 보여준다. 그런데 지금 오빠가 그린 이 지도를 봐도 어디가 어딘지 나는 잘 모르겠다. 그저 이은선 씨가 친모를 전부터 아는 분일지도 모른다는 생각이 든다.

입양 가고 4-5년 후인 1980년, 당시 네덜란드에서 연구 중이던(79년9월부터 80년 6월까지) 한국인 이영철 강원대 교수의 도움으로 한국사회봉사회가 우리를 1년 반 동안 키우던 이은선 씨를 찾고자 시도했다. 그러나 이은선 씨는 당시 우리와 살던 집에서 이사 갔고 이사 간 주소는 알 수 없다고 한국에서 통보가 왔다.

2009년 나는 다시 한국사회봉사회를 통해 이은선 씨를 찾고자 했는데, 한국사회봉사회는 이은선 씨를 찾을 수 없었다고 통보해 왔다.

유전자 검사로 34년 만에 찾은 친부

미국 입양인 강미숙 씨는 왜 친부를 상대로 소송하나

강미숙 씨는 1983년 11월 18일 충북 괴산 장터의 주차장에서 발견됐다. 발견 당시 그는 이름 강미숙과 나이 2살을 말할 정도로 영리했으며, 빨간색 실크상의와 몸에 붙는 바지를 입고 있었다. 그 후 그는 충북 제천의 희망보육원으로 보내졌다가 1984년 9월 4일 홀트아동복지회를 통해 미국 미시간주 백인가정에 입양되었다. 양부모는 그를 미국인으로 키우기 위해 한국에 대한 언급이나 접촉을 자제했고 그도 모국에 대해 잊어갔다. 그렇지만 마음 한구석에서는 자기를 버린 한국이 미웠다.

강미숙 씨는 몇 년 전 네덜란드 남성과 결혼해 지금 네덜란드에 살고 있다. 남편과 두 아이를 낳고 키우면서 그는 자기를 버린 모국을 다시 생각하게 되었다. 세상에 자식을 버리고 싶어 버리는 부모가 어디 있나, 어쩔 수 없어서 그러셨겠지 하는 깨달음이 들었기 때문이었다. 그리고 그동안 잊고 있었던, 30년 전 자신의 과거 일이 궁금했다. 그는 자신의 친부모가 누구인지, 또 어떻게 해서 친부모와 이별하게 될 수밖에 없었는지 너무나 알고 싶었다.

그런 궁금증과 기대를 안고 입양 후 34년 만인 지난 2017년 3월, 그는 무작정 모국을 찾았다. 그리고 그는 친부모를 찾고 자기를 입양 보낸 나라의 모습을 보기 위해 자신이 34년 전 발견된 충북 괴산의 그 장터를 방문했다.

장터 주변을 돌며 자신이 해외입양된 사연과 어린 시절 자신의 사진이 담긴 전단지를 만들어 행인들에게 뿌렸다. 또 주변 노인정을 방문해 동네 어르신들에게 자신의 사연을 이야기 했고, 친부모를 수소문했다. 그러나 친부모에 대한 정보는 아무것도 얻을 수 없었다.

그러다 그는 얼마 전 유전자검사를 통해 친부로 거의 확실하게 여겨지는 사람을 찾았다. 지난 2020년 5월 29일 서울가정법원에서, 그의 친부로 여겨지는 오아무개 씨에 대한 친생자관계 존재에 관한 인지청구소송이 진행되었다.

두 사람 사이의 유전자검사 결과는 99.9%. 강미숙 씨와 오아무개 씨는 딸과 친부로 나왔다. 강씨는 그동안 자신의 뿌리를 찾기 위해, 자신의 정체성을 확인하고 친부모가 누군지 알기 위해서 치열하게 노력했다. 그러다 최근 유전자검사 결과가 일치하는 친부를 찾았고 결국 소송에까지 이르렀다.

그는 친부를 통해 친모를 찾고 싶어 하는 간절한 소원이 있는데, 그 소원이 이뤄지기가 쉽지 않아 보인다. 강씨도 많은 다른 입양인처럼 조작된 고아호적을 통해 해외입양 보내졌기 때문에 친가족을 찾을 수 있는 자료가 없다.

다음은 강미숙 씨와의 대화를 요약한 글이다.

나는 2019년 한국에 있는 이복언니를 방문해 친부를 만나게 해달라고 무릎을 꿇고 사정했다. 하지만 그는 거절하고, 내가 떠나지 않자 경찰을 불렀고, 나는 현장을 떠나야 했다. 그래서 나는 지금도 친부가 나를 만나지 않는 것인지 아니면 못하는 것인지 전혀 모른다. 이복언니의 말로는 친부는 지금 약간 치매기가 있다고 한다.

그러나 그 이복언니의 아들은 내게 이메일로 친부는 전혀 치매기가 없고 관절염과 청력만 좀 문제가 있지만 나이에 비해 건강하다고 했다. 내가 변호사를 통해 편지를 주며 친부에게 전달해 달라고 하자 이복언니가 내 변호사에게도 친부가 치매기가 있다며 내 편지를 친부에게 전달하지 않았다.

이복 언니는 친부와 함께 내 변호사는 만나겠지만, 나는 안 만나겠다고 했다. 이유는 모르겠으나, 이복언니는 나에게 그저 화를 낸다. 친부의 가족도 뜻하지 않은 나의 등장으로 인해 충격과 스트레스가 많은 것 같다. 나는 친부를 통해 친모에 대한 정보를 알고 싶지만 지금 친부에게 접근이 일절 안 된다. 나는 친모에 대한 정보만 알려주면 다시는 연락을 안 하겠다고 사정, 요청, 약속했지만 이복언니는 모두 거절했다. 이복언니는 아마 내가 친부의 유산을 요구할까봐 나를 배척하는 것 같다. 그러나 나는 친부를 통해 친모에 대해 알고 싶을 뿐이지 친부의 재산에는 관심이 없다.

전에 한국 방문 때 강남에 있는 친부의 집에서 그를 만났는데 내 얼굴을 보시더니 고개를 떨쳐버리셨다. 내가 한국어를 거의 못해서 친부가 내게 당시 이야기를 안 하신 것인지, 아니면 내가 예고 없이 방문해서 이복언니가 친부에게 내가 누구인지 전해주지 않아서 그런 것인지는 모르겠다. 나는 지금 내 변호사를 통해 이복언니와만 연락하고 있고 친부와의 연락은 공판에 승소하기 전까지는 못하게 되어 있다.

34년 전 저를 충북 괴산 장터 주차장에 버리고 제가 낯선 곳에서 살도록 그냥 내버려둔 부모님이지만, 저는 그런 부모님을 이제 모두 용서합니다. 저는 부모님을 그냥 무조건 사랑할 뿐입니다. 그래서 너무 부모님을 만나보고 싶습니다.

그립습니다. 엄마, 아빠!

시각 장애인 친엄마와
경찰 서대욱 씨를 찾습니다

노르웨이 입양인 이수현 씨

　이수현(노르웨이 이름 모니카 헤팅) 씨는 노르웨이 입양인이며, 입양기록엔 그녀가 1973년 2월 22일 서울에서 태어난 것으로 되어있다. 그러나 물론 이것은 기록에만 그렇게 되어 있고 이 기록도 진실이 아닐 가능성이 높다. 아무도 그녀의 실제 이름과 언제, 어디서 그녀가 태어났는지 아는 사람이 없다.

　귀국한 이수현 씨는 백방의 수소문 끝에 친엄마에 대한 기록을 홀트로부터 들었다. 1973년 겨울 부산송도경찰서의 경찰 서대욱 씨는 아기인 그녀와 시각장애인인 친엄마가 부산의 한 거리에서 노숙하고 있는 것을 발견했다는 것이다.

　경찰 서대욱 씨는 이수현 씨의 친모를 부산시병원으로 데려 갔고, 1974년 1월 22일 이수현 씨는 성애원이라는 고아원에 입소한다. 그리고 그로부터 3년 후인 1977년 4월 21일 그녀는 홀트를 통해 노르웨이로 보내졌다.

　2010년부터 지난 2년간 이수현 씨는 친엄마를 만난 적이 있는 전 경찰 서대욱 씨를 찾으려고 홀트를 통해 송도경찰서 등에 백방으로 알아 봤지만 허사였다. 또 부산시병원에는 그녀 엄마에 대한 기록이 없다(이 병원은 10년간만 기록을 유지하고 파기한다). 물론 부산시에도 그녀와 그녀 부모에 대한 정보가 없다고 홀트는 알려왔다.

짐작했듯이 홀트는 이수현 씨 이름과 생일에 대해서도 확실하지 않다고 2011년 1월 25일 연락이 왔다. 홀트는 그녀 이름과 생일을 경찰서에서 지었거나 아니면 고아원에서 지었을 것으로 추정한다고 했다.

다음은 이수현 씨의 사연을 요약한 것이다.

부모님을 초대하고 싶어요

친엄마에 대해 기억나는 것은 전혀 없다. 백지장처럼 아무것도 생각나지 않는다. 어려서 한국에서 몇 년 산 것으로 기록엔 되어있지만 전혀 처음 본 나라 같다.

초등학교 시절에 학교 전체 아이들이 나를 막 놀리고 괴롭히던 기억이 난다. 생각해 보면 당시에 내가 다니던 초등학교나 동네에, 아시아 학생이 나 혼자만이어서 그랬던 것 같다. 그렇게 즐거운 추억은 아니었다.

양부모는 나 외에 나이가 나보다 몇 살 어린 여자 아이도 입양하셨다. 그 후 양부모님은 이혼하셨고 지금 양부모님은 모두 은퇴하셨다. 양모는 자원봉사를 하시고, 내 여동생은 프리랜서로 초등학교에서 음악을 가르친다. 가끔 음악회를 열기도 한다.

얼마전 친구가 한국에 가는데 함께 가지 않겠느냐고 제안했다. 그래서 한국에 온 김에 친부모님을 찾아 볼 생각이 들었다. 내 뿌리를 알고 싶었다고 할까. 그래서 홀트를 방문했지만 친부모님에 대해 이미 내가 알고 있는 것 이상의 새로운 정보는 얻을 수 없었다.

1973년 당시에 친모가 시각장애인인데다가 그 추운 겨울에 노숙하시다가 길에서 발견되셨다니까 생활이 무척 어려우셨을 것으로 짐작된다. 그래서 어떤 것이라도, 무엇이든지 친부모님을 도와드리고 싶다. 그리고 내가 자의식이 생긴 후 부터는 항상, 하루, 한 순간도 안 빠지고 친부모님 생각을 해왔다고 말씀 드리고 싶다. 그리고 친부모님을 노르웨이로 초대해서 내 삶의 공간을 보여드리고 싶다.

1981년 권산부인과에서 출생한 주영옥 씨

스웨덴 입양인 주영옥 씨

주영옥 씨는 스웨덴 스톡홀롬에서 의사로 생활하고 있는 한국계 스웨덴 입양인 여성이다. 그는 지난 2013년부터 친부모를 찾기 위해 매년 한국을 방문하고 있다. 세속적 눈으로 보면 그는 성공하고 행복한 사람 같다. 그러나 행복은 성적순이 아니듯이 한 사람의 성공과 행복은 단순이 돈이나 직업으로 결정되는 것이 아니다. 어류인 연어나 조류인 비둘기도 귀소본능이 있는데, 나를 이 세상에 낳아 준 친부모에 대해 전혀 알지 못하고 만날 수 없는 인간은 어떨까.

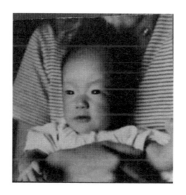

주영옥 씨는 1981년 7월 29일 아침 6시 15분 서울 구로구 시흥1동 130번지에 있는 권산부인과에서 출생했고 혈액형은 O형이다. 출생 직후 그는 권산부인과의 요청으로 대한사회복지회의 서울영아일시보호소에 들어가게 되었다.

대한사회복지회는 그에게 주영옥이라는 이름을 지어주었고, 또 그가 혼외자녀인 것으로 보인다고 기록하고 있다. 친부는 43세 친모는 35세였지만 불행하게도 친부모의 이름은 어느 서류에도 남아있지 않다. 출생 당시 그의 체중은 3.4kg이었고 친모가 순산한 것으로 기록되어있다.

그의 출생 당시 친부는 이미 딸 둘이 있었고 생활고 때문에 그의 입양을 원한다고 기록되어있다. 그래서 주영옥 씨는 출생 직후인 1981년 7월 29일부터 그해 12월 16일까지 약 5개월간 대한사회복지회의 서울영아일시보호소에 맡겨졌다가 곧 스웨덴 스톡홀롬의 한 가정에 입양되었다.

지난 2013년 8월 그는 한국에 들어와 KBS <사람을 찾습니다>에 출연하여 자신의 DNA기록을 남기고 친부모를 수소문했지만 아직까지 친부모를 찾을 수 없었다.

그는 친부모를 찾기 위해 그동안 수차례 모국을 방문하여 구로구 시흥1동 130번지에 있는 권산부인과를 찾았지만, 그 주소에 권산부인과는 더 이상 존재하지 않았다. 그는 권산부인과를 찾으면 산부인과 의료기록을 통해 혹시 친부모에 대한 정보를 발견할 수 있지 않을까 하는 실낱같은 희망을 갖고 모국을 찾아왔지만 안타깝게도 매번 권산부인과의 소재조차 찾을 수 없었다.

지난해에도 그는 모국을 방문하여 경찰청 실종자 명단에 자신의 DNA를 등록했다. 하지만 아직까지 친부모에 대한 소식을 전혀 듣지 못했다. 지난달에도 그는 한국을 방문하여 [뿌리의집]의 도움으로 친부모를 수소문했지만 소용이 없었다.

모국 방문에 많은 두려움 느껴

그는 어려서부터 항상 양부모님으로부터 '너는 한국으로부터 우리가 해외입양한 아이'라는 말을 들으며 자라왔다. 그의 입양모는 스웨덴 여성이었고 입양부는 핀란드 남성이어서, 어려서부터 입양부모와 핀란드를 자주 방문하여 양부의 친척들과 함께 시간을 보내기도 하였다.

그가 어린 시절에는 모국인 한국을 방문하는 것에 대해 많은 두려움을 느꼈다고 한다. 그러나 지난 2013년부터는 매년 친부모를 찾기 위해 한국을 꼬박꼬박 방문하고 있다. 한국을 방문할 때마다 그는 자기와 외모가 너무 닮은 한국인들을 보며 깊은 소속감과 동질감을 느낀다. 그러나 마음 한편에는 많은 문화적 차이와 더불어 서울 거리에서 만나는 수많은 한국인들 중에 자신을 기다리거나 그리워하는 사람이 한 명도 없다는 생각이 들면 극한 외로움과 절망감마저 든다고 한다.

당시 그의 가장 큰 고민은 스웨덴에 진정한 가족이 없다는 점이었다. 이런 생각이 수시로 들었기 때문인지 소속감도 느낄 수 없었다. 그는 자신의 모국인 한국과 한국인들이 그리웠고, 한국인들과 가까워지고 싶었지만 한국말도 모르고 한국음식과 문화도 모르던 터라 이럴 수도 저럴 수도 없는 방황의 10대 시기를 보냈다.

유전적, 혈연적 공통점은 전혀 없었지만 그는 이방인 스웨덴 가족을 받아들이고자 홀로 노력했다. 하지만 결코 쉽지 않았다. 10대를 지나고 나이가 들어가면서 그는 남과 다른 것이 항상 나쁜 것이 아니지 않은가하는 확신이 들기 시작했다. 그리고 점점 주변에서도 인종 간의 국제결혼을 하는 부부들이 늘어나서 내가 남들과 다르다는 문제에 대해 그는 점점 덜 고민하게 되었다.

그는 살아가면서 인생의 새로운 면을 보게 되었고, 새로운 사람들을 만나고 새로운 친구를 사귀게 되었으며 그러면서 삶의 진정 중요한 것은 외모 보다는 내용과 본질이라고 생각하게 되었다.

지금까지의 삶을 뒤돌아보며 이국땅에서 그는 그나마 보람을 많이 느끼는 의사라는 전문직으로 일하게 된 것을 감사하게 생각하게 되었다. 그리고 오늘의 자신이 있기까지 자신을 교육시켜 주고 사랑과 정성으로 양육시켜준 입양부모들에게 감사함을 느낀다고 고백한다. 그럼에도 그는 좋은 직업이 곧 한 인간의 행복을 보장하는 것은 아니라고 생각한다.

다음은 친부모님께 보내는 주영옥 씨의 전언이다.

만약 어느 날 친부모님을 만나게 된다면 이렇게 말씀 드리고 싶습니다. 저는 항상 제 인생의 매순간에 친부모님을 생각하며 살았습니다. 저의 외모가 친부모님을 얼마나 닮았는지 정말 궁금합니다. 또 제 성격이 부모님 두 분 중 어느 분을 더 닮았는지도 너무 궁금합니다. 특별히 친엄마에게 드리고 싶은 말씀은, 제가 출생한 후 부득이 저의 양육을 포기할 수밖에 없는 어려운 세월을 사셨겠지만, 그럼에도 불구하고 지금 제발 행복하시고, 제가 지금 좋은 인생을 살고 있는 것처럼 엄마가 행복하시고 좋은 인생을 살고 계시길 진심으로 희망합니다.

엄마, 결코 과거를 부끄러워 하지 마세요. 지금의 저를 보고 엄마가 뿌듯하시면 정말 좋겠습니다. 그리고 지난 세월 동안 건강하고 건실하게 자란 엄마의 딸을 보고 엄마가 자랑스러워하신다면 저는 더 이상 바랄 것이 없습니다.

친부모 찾다가 뇌출혈로 쓰러져

이탈리아 입양인 박기출 씨

이탈리아 입양인 박기출 씨(이탈리아 이름 Giovanni Iovane)는 1967년 6월 12일 경남 밀양에서 출생한 것으로 기록되어있다. 그러나 그로부터 약 2년 후인 1969년 3월 그는 서울역에서 버려진 채로 행인에게 발견되었다.

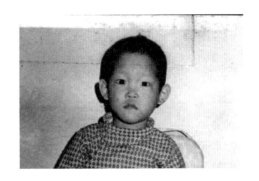

고아원과 홀트를 거쳐 1971년 11월 5일 박 씨는 이탈리아로 해외입양 되었다. 박씨 양부모에 의하면 어려서 박 씨는 한국어를 말했다고 한다. 그러나 지금 그는 한국어를 전혀 모른다. 그리고 그가 기억하는 한국과 관련한 어린 시절도 이탈리아 공항에 도착하여 양부모가 자기를 맞이하는 기억이 전부다. 한국어와 한국에 관한 기억이 그의 뇌에서 전부 사라진 것이다. 이런 모국어와 모국에 대한 망각증 현상은 해외입양인들에게 종종 발견된다.

한편 박 씨 입양부모는 1927년과 1930년 생으로 입양부는 엔지니어, 입양모는 고등학교 수학교사였다. 입양부모는 박 씨 위로 친아들 하나와 아래로 친딸 하나를 두었다. 3남매 중 박 씨만 해외입양인이고 나머지 둘은 친자녀다.

박 씨도 다른 해외입양인들처럼 심한 인종차별에 시달리면서 자랐다. 그러나 자신이 매일매일 직면하는 인종차별의 아픔을 백인 입양부모나 입양형제는 전혀 이해할 수가 없었다. 그래서 그는 항상 외톨이였다.

20세 때인 지난 1987년 박 씨는 당시 이탈리아군의 의무복무를 마치고 군에서 전역하며 이탈리아를 떠나기로 결심한다. 이탈리아의 인종차별에 넌더리를 느낀 그는 군 제대 직후 홍콩에 있는 이탈리아 식당에 웨이터로 취직하여 출국한다. 그 후 박 씨는 홍콩에서 1년, 영국에서 4년, 독일에서 1년, 남미 베네주엘라와 콜롬비아에서 3년을 식당 웨이터로 일하면서 외국생활을 전전한다.

홍콩에 살면서 박 씨는 자기가 이제 더 이상 백인들의 인종차별에 시달리지 않고 같은 황인과 함께 사는 것이 너무 좋았다. 그리고 자기와 비슷하게 생긴 중국인들을 매일 보면서 박기출 씨는 모국인 한국을 방문하고 꿈에서 그리던 친부모를 찾고 싶어졌다. 1988년 5월 그는 홍콩에서 무작정 한국을 방문하여, 홀트로 달려갔다.

그러나 홀트에서 박 씨는 친부모에 대한 정보를 전혀 알 수 없었다. 단지 '밀양'이라는 곳에서 태어났고, 이름도 본명이 아니라, 서울역에서 미아로 발견된 후 병원의사가 지어준 것이라고 통보받은 것이 그가 아는 자기 뿌리에 대한 전부였다.

홀트에서 풀이 죽어서 돌아오다가 그는 길거리에서 한 아이가 부모님 손을 잡고 아장아장 함께 걸어가는 것을 보았다. 그 순간 박 씨는 극도의 질투심이 느껴졌다. 왜 나는 저럴 수가 없었나? 왜 나는 친부모 손을 잡고 걸을 수 없었나? 삶이 왜 이렇게도 불공평한가? 자괴감, 절망감, 불쾌감, 알 수 없는 아픔이 갑자기 그를 엄습했다.

한국에 오자마자 그는 한국에 온 것을 크게 후회했고 빨리 떠나고 싶었다. 그래서 간신히 표를 구해 한국에 온 지 이틀 만에 급히 떠났다. 다시는 이 저주의 나라를 방문하지 않겠다고 그는 절규했고 마음 깊이 다짐했다.

그 후 22년이 흘렀다. 그중 절반을 박 씨는 해외식당을 전전하며 일했다. 22년 동안 그는 저주의 나라 한국을 다시는 방문하지 않겠다고 끊임없이 다짐했다. 하지만 그럴수록 마음 한구석에선 친부모와 모국에 대한 그리움이 견딜 수 없이 새어나왔다. 결국 그가 졌다. 지난 2010년 9월 박 씨는 다시는 안 오겠다던 모국을 다시 방문할 수밖에 없었다. 재정적, 시간적 어려움 때문에 닷새만 한국을 방문한 그는 입국하자마자 다시 홀트로 달려갔다. 친부모에 대한 흔적을 다시 찾기 위해서. 세월이 22년이 흘렀지만 친부모와 자신에 대한 새로운 기록은 없다는 통보를 받았다. 이번에도 극심한 절망감, 자괴감과 뜨거운 눈물이 그의 앞을 가렸다. 그러나 박 씨가 할 수 있는 것은 아무것도 없었다. 그래서 그는 이번에도 친부모를 못 찾고 다시 출국했다.

또 2년이 흘렀다. 이번에는 친부모님을 꼭 찾으리라고 다짐하며 한국에 왔다. 여러 해외입양인들의 도움으로 여기저기 알아보고 백방으로 수소문했지만 친부모에 대해 알 수 있는 것은 역시 이번에도 아무 것도 없었다.

박 씨는 절망했다. 더 이상 살고 싶지가 않았다. 자기가 머무르던 해외입양인 숙소 [뿌리의집]에서 갑자기 의식을 잃었다. [뿌리의집] 식구들이 그를 부리나케 S병원 응급실, 중환자실로 옮겼다. 뇌출혈이었다. 하루만에 치료비가 무려 120만 원이 나왔다. 박 씨의 오른팔과 다리는 마비되었다. 그가 태어나서 처음 겪는 뇌졸중이었다. 친부모를 찾으러 왔다가 졸지에 뇌졸중 환자가 된 박기출 씨, 그는 향후 6개월에서 1년 정도 재활치료를 받아야 한다고 한다. 박기출 씨는 여전히 이렇게 호소한다.

"자기 뿌리를 알고 싶은 것은 인간에게 아주 중요한 일입니다. 그러니 친부모님을 찾을 수 있도록 도와주세요!"

석촌동 임경희 조산소에서 태어난 아기

친부모 찾아 모국 방문한 미국입양인 김효진 씨

한국 이름 김효진, 미국 이름 로라 왁스(Laura Wachs) 씨는 한국계 미국입양인이다. 그는 지난 1989년 1월 13일 오전 8시 30분 서울 석촌동 임경희조산소에서 태어났다. 그리고 그 날 오후 그는 동방사회복지회로 인계되고, 그로부터 7개월 후인 지난 1989년 8월 3일, 미국으로 입양 되었다.

다음은 김효진 씨의 사연을 요약한 것이다.

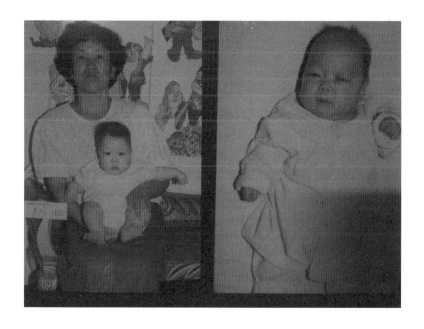

친부 성함은 이명호, 친모는 김혜경 씨로 기록되어 있다. 두 분은 1988년 친구 소개로 교제를 시작하였다. 1989년 1월, 내가 출생 당시 친부는 24세 친모는 23세였다. 당시 친부는 키 168cm에 조용하고 내성적인 분이었고, 친모는 키 155cm 체중은 54kg의 준수한 외모를 가지신 분으로 기록되어 있다.

나는 출생 당시 우측 엉덩이 아래쪽에 사마귀가 있었고 목 뒤에 작은 점이 있었다. 친모가 나를 조산하셨기에 체중도 1.9kg 밖에 안 되었고 입양하기에 위험이 높았다고 기록되어 있다. 그런데도 7개월만에 나는 미국행 비행기에 실려 미국의 한 가정에 입양되었다.

나는 워싱턴주의 시애틀에서 미국 백인 중산층 가정에서 자랐다. 가장 어려웠던 것은 중학교 때였는데 내가 양부모님에게 많은 부담을 드린다는 생각이 들어서였다. 내 자신이 무가치하게 느껴졌고 나 스스로를 경멸하게 되었다.

또 내 정체성에 관한 문제로 고민을 많이 했다. 내가 한국인인지 미국인인지 스스로도 혼동될 때가 많았다. 어떨 때는 내가 두 나라 다 어디에도 제대로 속하지 못한 길 잃은 집시처럼 느껴졌다. 나는 마치 집 없는 아이 같은 생각이 들 때도 많았다.

인생은 짧으니 친부모를 찾고 싶다

친모를 찾기로 마음먹은 이유는 첫째, 친모를 만나서 저는 잘 있습니다, 전혀 엄마를 미워하지 않습니다, 하는 이야기를 해드리고 싶어서이다. 둘째는, 엄마가 나를 입양 보낸 것에 대해서 슬퍼하지 마시고 엄마 스스로를 용서하고 사랑하며 사셨으면 하는 바람 때문이다. 셋째는 한국에서 엄마가 나를 불가피하게 입양 보내셨지만 그래도 나를 보고 싶지 않으실까 하는 생각에서다. 마지막으로는 혹시 내가 무슨 유전적인 질병이 있는지 알고 싶은 것도 있다.

해외입양은 인간성을 말살하는 행위라고 생각한다. 내 입양서류의 많은 부분이 한국정부와 한국의 어른들에 의해 조작, 위조되었다는 것을 알고 충격을 많이 받았다. 나는 한국정부가 외화를 벌어들이기 위한 수단에 불과했다.

나처럼 이런 충격적인 사실을 알게 된 해외입양인들은 자신에 대해 자긍심을 갖기 어렵다. 또 스스로 자기를 존중하기가 쉽지 않다.

84년 부산에서 딸 낳은 이정희 씨를 찾습니다

친모 이정희 씨 찾는 미국입양인 이숙희 씨

이정희 씨는 지난 1984년 1월 30일 오후 7시 부산 진구에 있는 김종애 조산소에 도착, 밤 9시 딸 이숙희 씨를 낳았다. 출산 후 2시간 후인 밤 11시쯤 이정희 씨는 갓 태어난 딸을 남겨 두고 조산소를 떠났고 그때 이 씨는 26세(1958년 생 추정)였다.

이 씨는 당시 싱글맘으로서 혼자 딸을 키울 수가 없기 때문에 좋은 가정에 딸이 입양될 수 있게 해달라고 조산소에 간곡히 부탁했다. 그래서 조산소 관계자는 그 다음날 동방사회복지회 부산지부에 연락하여 갓난 아기였던 이숙희 씨를 인계했다.

이숙희 씨는 부산의 한 위탁가정에서 1984년 2월 10일까지 지냈으며 그 후에는 서울 천사영아원에 있다가, 지난 1984년 6월 12일 미국으로 보내졌다. 다음은 이숙희 씨와의 대화를 요약한 글이다.

지난 2009년 나는 결혼을 하게 되었고 그러면서 내 뿌리가 너무나 궁금해졌다. 그래서 먼저 미국에 있는 입양기관에 도움을 요청했다. 당시 미국입양기관으로부터 내 친모의 이름, 나이 등 내가 미국으로 입양 보내지게 된 사연이 담긴 기록을 처음으로 접하게 되었다.

그 후 한국에 있는 해외입양인연대(G.O.A.L.)에 도움을 요청하여 지난 2010년, 친모를 찾기 위해 모국인 한국을 방문했다. 그때 한국에 와서 지난 1984년 내가 미국으로 입양되기 전 잠시 나를 돌봐주신 부산의 한 위탁가정의 위탁모와 감동어린 재회를 했다. 하지만 위탁모는 내 친모에 대해 아는 것이 거의 없다고 하셨다. 내가 태어났던 부산 진구 일대와 파출소 등을 수소문 했지만 내 입양기록이나 친모에 대한 정보를 얻을 수 없었다. 그때 난 한국에만 오면 친모를 금방 찾을 수 있을 줄 알았는데 그럴 수 없어서 너무나 절망했다. 7년이 지난 지금이라도 친모를 찾을 수 있다면 정말 원이 없겠다.

그 후 나는 실의에 젖은 상태로 미국으로 돌아왔고 미국에 살면서 한국의 몇몇 언론사와 스카이프로 인터뷰를 하면서 친모를 수소문 했다. 그 후 한국에서 몇몇 분이 내 한국가족이라고 연락을 해와서 벅차오르는 흥분을 가슴에 안고 DNA를 검사했지만 다 맞지 않았다. 그땐 정말 하늘이 무너지는 느낌이었다.

나는 나를 미국으로 입양 보낸 한국 동방사회복지회에 친모를 찾아 줄 것을 요청했다. 하지만 동방사회복지회는 한국에는 1958년생으로 이정희라는 이름을 가진 여성들이 너무 많아 주민등록번호를 모르면 친모를 찾기가 불가능하다고 내게 통보했다. 너무 답답했다.

해외입양인연대 회원들은 서울과 부산의 길거리에서 내 어린 시절 얼굴사진과 입양당시 정보가 담긴 소책자를 만들어 행인들에게 나눠주며 내 친모를 찾기 위해 백방의 노력을 해주셨다. 하지만 이런 노력들도 아무 소용이 없었다.

그래서 이제라도 더 늦기 전에 오마이뉴스에서 내 사연을 한국사회에 알려 주시기를 요청드린다. 지금 다시 한국에 가서 내 사연이 담긴 소책자를 서울과 부산의 길거리에서 행인들에게 직접 배포하며 친모를 찾고 싶은 마음이 간절하다. 하지만 나는 지금 두 아기들을 돌보아야 하는 엄마다. 또 한국에 가는 비용도 만만치 않아 안타깝게도 그러지 못하고 있다.

지난 8년 전부터 지금까지 난 시간이 날 때마다 친모를 찾기위해 백방으로 문의하고 갖은 노력을 하고 있다. 하지만 아직까지 아무 소용이 없다. 그래서 어떨 때는 극심한 절망감과 슬픔에 젖어 잠도 못 이뤘다. 이러다 친모를 영원히 못 찾지 않을까 걱정과 우려도 많이 된다. 하지만 아직까지는 친모 찾기를 포기하지 못하겠다.

한국 정부와 입양기관에겐 내가 아기였을 때 나에게 음식을 주고 건강하게 살려주셔서 감사하다. 그러나 또한 한국 내 싱글맘에 대한 낙인과 차별이 없어졌으면 좋겠다. 혼자 힘들게 아이를 키우는 싱글맘들에게 한국정부가 적극적인 지원을 해주기를 바란다. 미국과 유럽에서 혼자 아이들을 꿋꿋하게 키우는 싱글맘들은 정부에서 적극적으로 지원을 받을 뿐 아니라 사회적으로도 마치 영웅처럼 존중받고 있다. 싱글맘들은 집과 직장 두 곳에서 정말 열심히 일한다.

정부와 사회도 싱글맘들에게 따듯한 시선과 물질적 지원을 베풀어 준다. 싱글맘들이 자기가 낳은 사랑하는 아이의 양육을 포기하도록 궁지에 모는 사회는 정말 비인간적이다. 싱글맘이 입양 상담을 원할 때 정부와 입양기관은 입양보다는 싱글맘이 아이를 직접 키우는 일이 가장 소중하다고 알려주고 적극적인 정신적, 물질적 후원을 해주어야 한다.

한국에서 시설이나 입양부모가 한부모보다 정부지원금을 더 많이 받는 현재의 모습은 정말 기형적이다. 싱글맘이 얼마나 생활고와 사회적 편견 그리고 차별에 시달렸으면 사랑하는 아기의 양육을 포기할까? 한국 정부와 입양기관에 싱글맘과 아기가 헤어지지 않고 함께 살 수 있도록 최대한 도움을 주었으면 한다.

나는 내 몸 속에 한국인의 피가 흐르는 것이 자랑스럽다. 그러나 나는 한국인들이 제발 자신들이 낳은 아이를 끝까지 책임져 주는 사람들이기를 바란다. 부모가 누구이건 아이들은 아무런 죄가 없다. 싱글맘들에게 더욱 따듯한 시선을 보내주는 한국사회가 되었으면 좋겠다. 인생을 살다 보면 싱글맘들처럼 예상하지 못한 일들이 일어날 수 있다. 이때 싱글맘들에게 돌을 던지기보다는 따스하게 포용해주고 지원해 주는 한국사회가 되었으면 좋겠다.

부모님이나 김남배 씨를 찾습니다

1975년 미국으로 입양된 최미련 씨

최미련 씨는 1970년 6월 16일 전북 익산 출생으로 추정된다. 생후 약 두 달 후인 1970년 8월 6일 김남배라는 여성이 그녀를 익산농고 앞에서 발견해, 그해 11월 12일까지 돌봐주었다. 그 후 미련 씨는 이리 기독영아원에서 지내다가 홀트아동복지회를 통해 해외입양되어 5살 때인 1975년 6월 27일 미국행 비행기에 실려 고국을 떠나야 했다.

당시 미련 씨 의료기록을 보면 기관지염이 있었고 독감을 종종 앓았으며 심한 중이염으로 고생한 것으로 되어있다. 결국 심한 중이염으로 그녀는 왼쪽 귀 수술을 두 번이나 받았다. 또 고아원에 입소 당시 심한 눈병이 앓았던 것으로 기록되어 있다.

최미련 씨가 5살부터 20살까지 15년 동안 살던 미국 위스콘신주 한 카운티에서 아시아 사람은 그녀 혼자였다. 입양가족도 그녀가 백인이 아니고 아시아인이라는 것을 항상 상기시켰다. 미련 씨가 15년이나 살던 위스콘신주 한 카운티에서는 한국이라는 나라가 어디에 붙었는지 아는 사람이 아무도 없었다. 결국 그녀는 백인 행세를 하기로 마음먹었다. 그러나 주위 백인들이 자신이 백인이 아니라 황인이라는 점을 지적해 줄 때 왠지 슬프고 울음이 터져 나왔다. 그녀가 살던 동네 백인들이 아는 황인은 중국인과 베트남인밖에 없었다.

엄마 말 안 들으면 빈곤한 한국으로 돌려보낼 거야

최미련 씨가 살던 마을에 많은 젊은이들이 베트남전에 전사했기 때문에 마을 사람들은 베트남인을 싫어했고 미련 씨도 베트남인으로 취급했다. 백인 마을에 혼자 아시아 소녀로 자라면서 동네 아이들은 그녀 피부색이 어둡다, 눈이 작다, 코가 납작하다고 놀려댔다. 더 어려웠던 것은 백인 입양 엄마도 어떻게 그런 작은 코로 숨을 쉴 수 있니? 하고 놀려댈 때였다. 견딜 수 없을 정도였다. 또 입양 엄마는 미련 씨에게 엄마 말 안 들으면 빈곤한 나라 한국으로 돌려보낼 거야! 라고 야단을 쳤다.

입양부모는 미련 씨보다 다섯 살 연상의 아들과 한 살 어린 아들이 있었다. 입양부모와 백인 오빠와의 관계는 항상 불편했고 긴장의 연속이었다. 양어머니와의 관계가 가장 나빴다. 양부모는 미련 씨의 모국인 한국에 대해서 전혀 알지 못했고 알고 싶어 하지도 않았다. 미련 씨가 커가면서 한국에 대하여 관심을 갖는 것도 이해하지 못했다.

나중에 안 사실이지만 홀트에서 미련 씨 양부모에게 입양 전 심리검사를 하던 중 양어머니는 아동 입양에 적합하지 않다는 판정이 나왔다. 그리고 결국 2번의 입양시도가 실패한 후 3번째 입양시도에서 양어머니는 입양부모를 위한 심리검사를 통과했다. 그리고 입양한 것이 바로 최미련 씨였다. 그래서 그런지 양어머니는 미련 씨를 야단칠 때마다 항상 "너는 내 3번째 선택이었어. 알겠니?"라며 소리쳤다.

불행하게도 양어머니는 기분이 안 좋으실 때마다 제게 온갖 욕설을 퍼부으며 저를 마치 펀칭백처럼 때렸어요, 라고 담담히 말하는 미련 씨 눈에 눈물이 고였다. 양어머니의 숱한 폭행으로 미련 씨 몸에는 지금도 흉터가 남아있다. 성인이 된 지금 미련 씨는 양어머니가 당시 어떤 욕구불만이나 정신질환이 있어서 자신을 그렇게 학대했다는 생각이 든다.

"나는 원래 파란 눈을 가진 백인 금발 여자아이를 입양하고 싶었단다. 그런데 그런 아이를 입양하려면 한참을 기다려야 했지. 그런데 너를 입양하는 것은 기다리지 않아도 되었고 조건도 까다롭지 않았지. 가격도 쌌어. 그래서 너를 입양했어."

미련 씨는 양어머니로부터 이런 이야기를 귀에 목이 박히게 들으며 자랐고 백인이 아니고 파란 눈이 아닌 자신은 가치가 없다고 생각했다.

30세가 되던 지난 2000년 미련 씨는 마침내 양부모과 아예 결별했다. 미련 씨는 1999년, 2001년, 2003년 각각 친부모나 자기를 발견한 김남배 씨를 찾기 위해 한국을 방문해 익산농고 근교의 마을을 찾았으나 아무 소득이 없었다. 그녀는 익산농고 부근 경찰서를 방문하여 김남배 씨를 수소문 했으나 담당 경찰은 그 이름이 가짜 같다고 답변했다. 다급한 마음에 미련 씨는 1970년 그 익산 부근에서 아이를 발견했다는 기록이 있는지 경찰서에 문의했으나, 그런 기록은 7년만 보관하고 폐기하기 때문에, 현재는 없다는 답변을 받았다.

통역과 함께 미련 씨는 익산농고 근처 노인정을 찾아가 1970년 출생한 아이와 버려진 아이, 그리고 김남배라는 여성에 대해 마을 노인들에게 문의했다. 그러나 노인들은 별로 달가워하지 않았으며 질문이 너무 많다며 미련 씨와 통역에게 "가!"라고 소리쳤다. 결국 미련 씨는 친부모에 대해 아무 정보도 못 얻고 실망해서 돌아왔다. 미련 씨는 지금도 왜 그 노인들이 그렇게 자신을 냉정하게 대했는지 이해할 수 없다.

미련 씨는 그 후 익산 근교의 작은 마을을 방문하여 자기 사진, 연락처와 함께 친부모님을 찾는다는 포스터를 여기저기 붙였다. 그러나 한 마을 주민이 화를 내며 포스터를 찢어버렸다. 미련 씨는 지금도 왜 그 마을주민이 포스터를 찢어버렸는지 이해할 수 없다.

2001년 미련 씨는 한국홀트를 방문해서 어떻게 입양 전 심리검사에 2번이나 떨어진 가정에 자기를 입양 보냈냐고 화를 내며 항의했다. 당시 홀트 직원의 반응은 뜻밖이었다.

"미국에서 좋은 생활을 했잖아요? 영어도 할 줄 알고, 한국에서 영어도 가르치잖아요. 무슨 문제가 있다고 그래요!"

미련 씨는 그 직원의 뻔뻔스런 답변에 어이가 없었다. 제가 영어를 말할 줄 알고 가르치면 다른 것은 다 괜찮다고 그 직원은 모든 것을 정당화해서 정말 놀랐어요, 라고 미련 씨는 말했다.

미련 씨는 해외입양이 불가피 하더라도 입양부모의 자격기준이 지금보다 훨씬 엄격하길 원한다. 홀트에서는 기독교인이면 입양부모로서 자격을 갖춘 것으로 생각하는 것 같은데 그건 아니라고 그녀는 단호하게 말한다. 입양부모의 정신질환 이력도 충분히 검증되어야 하며, 입양아가 입양부모의 구타로 몸과 마음에 부상을 당하고 씻을 수 없는 상처를 입으면 입양기관이 그 책임을 져야 한다고 말하는 그녀의 하소연은 거의 절규와도 같이 들렸다.

제 존재의 근원을 알고 싶을 뿐인데요

미련 씨는 자라면서 언젠가는 한국에 와서 친 부모를 찾으리라 마음먹었다. 그리고 자신이 왜 친부모로부터 버려졌을까 궁금해서 견딜 수가 없다.

"지금 저는 제가 무가치 한 인간으로 느껴져요. 지난 10여 년간 한국과 미국에서 친부모님을 찾으려고 백방의 노력을 했는데 아무 소용이 없군요. 전 제 존재의 근원을 알고 싶을 뿐인데요 ."

다음은 최미련 씨가 부모님께 전하는 편지다.

저는 부모님의 소식을 날마다 기다리면서 지난 10여 년간 당신들을 한국과 미국에서 찾고 있습니다. 얼마나 형편이 어려우셨으면 부모님이 저를 포기했을지 저는 이해합니다. 부모님이 제 앞에 어느 날 갑자기 나타나실지 확신이 없지만 저는 그래도 항상, 매순간 부모님을 기다립니다.

오랜 세월이 지났지만 저는 부모님이 어디에 계신지 정말 궁금합니다. 저를 생각하시나요? 저는 자주 부모님이 어떤 분이신지 제가 누구를 닮았는지 궁금합니다. 저는 다양한 삶을 살아왔지만 딸로서의 삶은 살아본 적이 없습니다. 비록 저와 어떠한 관계도 원하시지 않더라도 연락을 해주세요. 제 출생배경을 아는 것이 저에게는 너무도 중요한 일이기 때문입니다. 직접 연락하시는 게 어려우시다면 친척이나 주위 분들을 통해서라도 저에게 사실을 알려 주세요.

저는 제가 있을 보금자리를 찾아서 전 세계를 여행했습니다. 하지만 늘 친부모님이 저를 다시 반기지 않을까 하는 기대로 수시로 한국에 돌아오곤 합니다. 저는 기다립니다. 부모님, 빨리 연락주세요.

오랜 세월 부모님과 떨어져있던 당신의 딸 최미련 올림

1973년에 필동 경찰서에 맡겨진 최지은 씨

벨기에 입양인 최지은 씨

최지은(崔智恩) 씨는 경주 최씨로 1971년 12월 19일 서울에서 태어난 것으로 추정된다. 이름에 한자가 있는 것으로 봐서 실제 이름이 아닐까 하는 짐작도 해본다. 생후 2년만인 1973년 12월 11일 그녀는 친할머니 품에 안겨서 서울 중구 필동경찰서에 맡겨진 것으로 보인다. 그때부터 1975년 5월 10일까지 충현고아원에서 약 1년 반을 생활하다가 홀트를 거쳐 같은 해 10월 벨기에로 입양되었다. 최지은 씨의 전 의료기록엔 "눈이 심하게 감염되어 있다"라고 기록되어 있다.

지난 2004년, 입양 후 33년 만에 그녀는 한국홀트를 방문해 친부모를 찾으려고 했다. 하지만 홀트에서 자신에 대한 기록은 달랑 '친권포기'라는 네 글자만 보여줬다. 다른 입양인들은 실제 친권포기 각서의 원본 혹은 사본에 부모님 이름, 주민번호, 주소 등이 적혀 있었지만 최씨 경우는 별도로 된 장부에 '친권포기'라는 네 글자 외에 자신의 뿌리인 부모에 관해 아무런 기록도 없었다.

최지은 씨는 홀트가 자신의 부모에 대한 기록을 관리소홀로 분실한 것인지 아니면 고의로 은폐한 것인지 전혀 알 수가 없었다. 어떻게 한 인간의 뿌리에 대한 기록이 그저 친권포기, 이 네 글자에 불과한 것일까.

이후 최지은 씨는 다시는 홀트를 방문하지 않으려 했다. 홀트의 무성의한 답변에 분노를 참을 수 없었기 때문이었다. 그러나 우연히 어느 해외입양인 모임에서 만난 해외입양인이 최지은 씨에게 "처음 홀트에 갔을 때는 나에 관한 기록이 전혀 없다고 했어요, 그런데 2번째 방문했을 때는 새로운 기록을 주더군요."라고 말했다.

그녀는 혹시나 하는 희망을 갖고 지난 2005년과 2007년 2번째와 3번째 각각 한국 홀트를 다시 방문했다. 그러나 모든 것이 허사였다. 최씨에게 주어진 친부모에 관한 기록은 이번에도 '친권포기'라는 4글자가 전부였다. 이것이 그녀가 홀트를 방문한 마지막이었고 2007년 이후 그녀는 다시 홀트를 방문하지 않았다.

한국 생각에 울음을 멈출 수 없었습니다

최지은 씨는 지난 2007년 2번째로 양부모와 함께 친부모를 찾기 위해 한국을 방문했고 YTN TV에도 출현했다. 또 지난 2008년에는 벨기에 오빠와 친부모를 찾기 위해 한국을 방문했지만 이번에도 역시 친부모를 찾는데 실패했다.

그녀가 한국을 방문하고 벨기에로 돌아가면 몇 주간은 계속해서 한국에 대한 생각과 그리움으로 솟구치는 울음을 멈출 수가 없었다. 한국에 있는 시간은 즐거웠지만 벨기에에선 한국에 대한 추억과 향수로 잠을 제대로 이룰 수도 없었다.

어릴 적에 최지은 씨는 아주 조용한 아이였다. 남들과 다르게 생긴 외모 때문에 벨기에 아이들이 자기를 괴롭혀도, 아무하고도 충돌하지 않고 그저 1년 365일 조용하게 지냈다. 겉으로는 아주 조용한 모범생 여자아이였다. 하지만 내적으로는 끊임없는 두려움, 불안감 그리고 지나칠 정도인 조심성 때문에 괴로워했고 또 이유를 알 수 없는 깊은 슬픔이 마음속에서 항상 솟아났다.

벨기에에서 고등학교를 졸업하고 최지은 씨는 레스토랑, 양로원, 요양원, 노숙자를 위한 쉼터 등에서 일했다. 고등학교 때 공부도 잘하고 독서를 즐겨하던 최지은 씨에게 기대를 많이 하던 입양부는 대학도 포기하고 그저 힘든 일과 임시직을 전전하는 딸을 이해할 수 없었다. 어느 날 입양부는 최씨를 불러서 조용히 말했다.

"이제 그런 일을 그만두고 대학에 가서 번듯한 직장을 갖고 결혼해서 애도 낳지 그러니? 안정된 생활을 해야 하지 않겠니? 공부도 잘하고 학구적인 애가 왜 그러니?"

확신과 자신감이 없어요

그러나 최지은 씨는 결혼에 자신이 없었다. 아니 자신의 인생에 아무런 자신감이 없었다. 그리고 요양원이나 양노원, 노숙자를 위한 쉼터 등에서 일하는 것이 몸은 아주 고되고 힘들었지만 마음은 편하고 안정감을 가질 수 있었다.

그러다가 1998년 아주 가까이 지내던 벨기에 외할머니, 입양모의 엄마가 노환으로 드러눕게 되었다. 입양부모와 친척들이 모여서 회의를 하고 거동이 어려운 외할머니를 노인들을 위한 요양시설에 보내기로 결정했다. 그러자 최씨는 그 자리에서 이렇게 말했다. "제가 직장을 그만두고 할머니를 전적으로 모시겠습니다. 그러니 할머니를 요양원에 보내지 마세요." 가족들은 모든 것을 포기하고 그런 힘든 일을 하겠다고 나선 최지은 씨를 전혀 이해할 수 없었지만 그녀의 요청을 받아들였다.

최지은 씨는 어려서부터 왠지 이 벨기에 할머니가 무척 좋았다. 벨기에로 온 지 얼마 안 되던 시절 그녀는 처음 본 이 할머니에게 "할머니, 아직도 살아 계세요?"라고 물었단다. 벨기에 가족은 아마도 최지은 씨가 한국에서 고아원에 살기 전, 한국 할머니와 함께 살아서 그런 것 같다고 생각했다. 최씨는 어렸을 때 한국에서 할머니와 마당에서 지냈던 것 같은 묘한 기분이 어렴풋이 든다. 그래서 그런지 그녀는 노인들과 양노원이나 요양원에서 지내는 시간이 너무 좋았다.

1988년부터 2003년까지 최지은 씨는 무려 5년 동안 자원해서 벨기에 할머니의 대소변을 거두며 정성껏 돌보아 드렸다. 그러다가 2003년 할머니가 돌아가셨다. 할머니의 죽음을 계기로 그녀는 삶과 죽음의 문제를 진지하게 생각했다. 그리고 이제 최씨는 더 늦기 전에 자신의 뿌리를 찾기 위한 모국방문을 결심했다. 그리고 그 다음해인 2004년, 33년 만에 무작정 모국을 방문한 것이다.

최지은 씨는 한국에 사는 것이 너무 좋다. 벨기에에서 겪은 인종차별도 없고, 한국인과 섞여 있으면 아무도 자기가 벨기에인 사람인 것도 모른다. 그러나 언어장벽이 문제여서, 경희대학교에서 한국어를 1년간 배우기도 했다. 그 덕에 이제는 한국어도 제법 할 줄 안다.

처음에는 무작정 좋아했던 모국이었지만 한국에 좀 살면서 최지은 씨는 전에는 못 보던 한국사회의 여러 문제점도 보게 되었다. 장시간 근로, 살벌한 경쟁위주의 교육, 열악한 복지시설, 사회양극화 문제 등등이 그것이었다. 그러나 그럴수록 최 씨는 한국사회에 애착이 간다. 그래서 한국을 방문하면 그녀는 아예 노숙자시설, 여성들을 위한 쉼터 등에서 자원봉사를 한다.

어려운 사람들을 도와주면서 그녀는 많은 보람을 느낀다. 하지만 혼자 있을 때는 말 못할 불안감, 근심걱정이 물밀듯이 밀려온다. 나는 영원히 친부모님을 만날 수 없는 것일까, 하는 어두운 생각이 들 때 그녀는 마치 삶 자체에 아무런 희망도 없는 듯한 생각도 든다. 자기자신에 대해 확신도 없다고 말한다. 부모를 찾으려는 노력은 어쩌면 최지은 씨의 마지막 발버둥일지도 모르겠다.

한국에 중독되었어요

최지은 씨는 자신을 '한국에 중독된 사람'으로 표현한다. 한국음식, 한국문화, 한국어, 한국과 관련된 모든 것이 좋다고 말한다. 영어, 불어, 네덜란드어, 한국어를 말할 줄 아는 그녀는 한국에 영원히 머물기 위해선 직장이 필요하다는 생각이 들었고, 그래서 자신의 어학실력을 활용할 수 있는 관광안내원을 지원했지만 나이가 많아서 그런지 다 낙방했다.

과거에도 그랬듯이 이번에 벨기에로 돌아가면 그녀는 돈을 모아서 내년에 다시 한국에 방문할 예정이다. 그녀는 벨기에에서 항상 한국을 방문하는 꿈을 꾼다. 자다가 한국에 있는 꿈을 꾼 적도 많다. 그녀에게는 정말 한국이 꿈에서 조차 잊을 수 없는 나라인 것처럼 보인다. 그러나 정부에게 전하는 일침도 잊지 않는다.

"전 한국정부를 이해 할 수 없어요, 어떻게 자국민이 낳은 아이를 돈 받고 외국에 보낼 수 있나요? 아기는 생산품이 아닌데 말이지요. 정부 역할은 국민을 돌보는 것입니다. 그런데 한국정부는 자국민의 아이를 돌보지 않고 외국에 판매합니다. 한국정부는 해외입양인에게 머리 숙여 깊이 사과해야 합니다. 한국정부는 잘못을 저지르고 있는 것입니다."

아래는 최지은 씨가 부모님께 전하는 글이다.

부모님 저는 당신들에게 아무런 분노가 없습니다. 단지 부모님의 모습이 궁금합니다. 당신들은 제 역사이고 뿌리입니다. 건강하신지도 궁금합니다. 저에 대한 양육을 포기하셨을 때 얼마나 고통스럽고 괴로우셨겠습니까. 저는 항상 어머님 생각을 합니다. 저를 버렸다고 자책하시거나 부끄러움을 느끼지 마십시오. 얼마나 살기가 어려우셨으면 그렇게 하셨겠습니까? 충분이 짐작할 수 있습니다.

제 코, 눈, 귀가 누구를 닮았는지 궁금합니다. 그래서 서울거리에서 지나가는 사람들 얼굴을 유심히 봅니다. 혹시 그분들이 코나, 눈, 귀가 저를 닮았는지. 혹시 그 분들 중에 제 친척이 있는지. 부모님이 저를 만나기 싫으시다면 이해합니다. 그러나 지상에 누구와도 다르게 생긴 저를 낳아주신 당신들이 정말 보고 싶군요. 아무쪼록 부디 건강하시고 안녕히 계십시오.

당신의 딸 최지은 올림

미국 입양인이 한국 고시원에 사는 이유

1978년 미국으로 입양된 메튜 실러

　메튜는 한국여성과 미국남성 사이의 혼혈 미국입양인이자 이산가족이다. 그는 1978년 2월 6일 전북익산(현재 이리)에서 태어났고 태어난 다음날인 2월 7일 고아원으로 보내졌다. 그로부터 6개월 후, 그러니까 생후 약 6개월 후인 1978년 8월 23일 그는 해외입양되어 미국행 비행기에 실렸다. 메튜의 친모는 1936년 3월 29일생 성춘자씨이고 친부는 당시 주한미군으로 추정되지만 메튜가 친부에 대해 아는 정보는 하나도 없다.

　메튜에겐 1982년생의 친여동생이 있다. 동생 역시 미국 가정에 입양되었다. 메튜는 10년 전인 2001년 미국에서 이 여동생을 만났고 당시 여동생이 건네 준 친모 성춘자 씨 사진을 지금도 간직하고 있다. 그러나 메튜는 생후 6개월 때 입양된 후 아직 한 번도 친모를 만난 적이 없다. 게다가 33년 만에 한국에 도착한 메튜는 이태원의 한 고시원에 거주하며 간신히 생계를 연명하고 있다.

　메튜는 1978년 입양된 후 미국에서 33년을 살았지만, 미국시민권이 없다. 일반적으로는 해외입양아에게 미국양부모가 시민권을 취득해줄 의무가 있다. 그러나 어떤 양부모들은 해외입양아에 대한 시민권취득 조치를 게으름이건 실수건 하지 않음으로써 그 의무를 방치한다. 그럴 경우 해외입양인은 미국에서 20~30년 이상 자란 후 어느 날 갑자기 미국정부에 의해 자기가 태어난 나라로 추방될 위기에 놓이고, 실제 추방되기도 한다.

한국에서 태어난 지 몇 개월 만에 미국으로 보내졌다가, 성인이 되어 다시 한국으로 추방된 입양인은 한국말을 전혀 못하고 의식구조도 한국인이 아니다. 그러나 모국인 한국정부에선 이들 추방된 한국입양인들을 외면하고 있다. 해외입양인들의 생존권과 인권문제에 대해 법의 사각지대가 존재하는 것이다. 이런 방치된 입양인들의 생존권과 인권문제는 한국과 미국정부가 하루속히 공조하여 국가차원의 대책을 마련하는 것이 마땅하다. .

미국 시민권이 없다는 것도 몰랐다

23살 때인 2001년 미국여권을 신청했는데 미국시민이 아니라는 이유로 거절당했다. 이때 나는 내가 미국시민권이 없다는 것을 처음 알았다. 웃기는 것은 내가 18세 때인 1996년 내 사회보장번호, 운전면허증을 제시하고 미국투표권을 신청해서 받았다는 것이다. 결국 나는 미국시민권은 없는데 투표권은 있는 웃지 못할 위치에 있었던 것이다.

2001년 당시 양부모에게 물어보니 까먹었다고 했다. 나는 어이가 없었다. 그러나 나중에 미국이민국에서 내 기록을 보니 내가 6살 때인 1984년 양부모에게 내가 미국시민권을 취득할 수 있도록 조치를 취하라고 상기시키는 서신을 보냈다는 기록이 있었다. 그런데도 양부모는 아무런 조치를 취하지 않은 것이다.

이 이야기를 양부모에게 했지만, 양부모는 그랬던가? 하면서 당시에는 돈이 별로 여유가 없어서 그런 조치를 나중에 하려고 했던 것 같기도 하다고 하셨다. 그런데 양부모는 내가 입양오자마자 사회보장카드를 받도록 조치했다. 그렇게 하면 양부모는 나로 인해 세금혜택을 받는다. 결국 양부모는 자기들의 재정에 유리한 조치만 즉시 취한 것이고 돈이 얼마가 드는지는 모르지만 내 시민권취득 조치는 의도적으로 잊어버렸거나 게을리한 것이라고 생각할 수밖에 없다.

2001년 미국시민권 신청과정을 밟았다. 그런데 내가 미국에 이미 23년이나 살았는데도 바로 미국시민권을 신청할 수 없었고 먼저 그린카드(영주권)신청자격을 얻어야 했다. 그래서 2001년 그린카드 신청자격과정을 밟기 시작했는데 자격을 얻기까지 1년이나 걸렸다. 그래서 2002년에야 그린카드 신청을 할 수 있었고 그 후 말로 다 할 수 없는 여러 복잡한 과정을 거쳐 7년이 지난 2009년에야 그린카드를 받을 수 있었다. 그런데 그게 끝이 아니었다. 미국시민권을 신청하려면 5년을 더 기다려야 한다고 했다. 이미 미국에 31년간 살았는데 마치 나를 어제 미국에 금방 도착한 이민자처럼 대해서 아주 불쾌했다.

미국시민권을 신청하려면 5년 동안 미국 내에 그린카드로 체류하면서 영주권을 유지해야 한다고 했다. 그런데 나는 5년 이내에 한국에 왔기 때문에 그린카드 효력이 끝난 것이라고 통보받았다.

이뿐만이 아니다. 시민권이 없는 내 처지는 한 마디로 비참했다. 내가 자란 동네의 학비가 저렴한 주립대학을 가려고 한 적이 있었다. 그런데 내가 23년 이상을 살면서 자란 곳인데도 시민권이 없다고 외국학생처럼 비싼 등록금을 내라고 했다. 나는 그런 큰돈이 없었고 그래서 대학진학을 포기할 수밖에 없었다. 할 수 없이 먹고 살기 위해 식당이나 창고 등에서 여러 가지 잡일을 닥치는대로 하며 살았다.

양부모와는 항상 문제가 있었고, 자라면서 학교나 동네에서 차별과 왕따를 많이 당했다. 그래서 8세 때인가 한국에 가고 싶다고 했다. 그러나 양부모는 전혀 들은 척도 안하셨다. 나에게 관심이 없었던 것 같다. 15살 때는 나에 대한 양육을 포기하고 나를 아예 가디언(후견인)에게 맡겼다. 이때부터 나는 또 버려진 느낌을 받았고 우울증이 생겼다. 6개월에 한 번 정도로 가디언집을 여기저기 옮겨 다니며 살다가 18세 때부터 독립하여 혼자 살기 시작했다.

그후로도 연말이나 크리스마스 때는 양부모가 보고 싶어서 몇 년간 방문했다. 그런데 그 때마다 양부모는 물론 내 또래인 양부모의 친자식들도 나를 전혀 반가워하지 않았고, 마치 나를 존재하지 않는 것처럼 냉랭하게 대했다. 예를 들면 내가 대화 중 질문을 해도 아무도 대답을 안 했고 나는 찬 벽에 대고 이야기 하는 느낌을 받았다.

양부모와 헤어지고 집에 돌아와 나중에 전화를 드려도 안 받으셨고 자동응답기에 메시지를 남겨도 전혀 답변이 없으셨다. 그 후에도 크리스마스 때 양부모를 몇 번 방문했지만 언제나 그런 싸늘한 대우를 받았다. 그래서 얼마 전 부터는 아예 양부모와 연락하지 않고 지낸다. 그리고 양부모도 내게 아무런 연락을 안 하신다.

양부모 두 분은 10년 전 이혼하셨다. 양부모는 내 나이 또래의 2남 1녀 친자녀가 있는데 나와 사이가 좋은 자녀는 하나도 없다.

한국에 온 이유

나는 한국에 가는 것을 항상 동경해왔다. 무엇보다 친모를 만나고 싶었다. 또 미국에서 날 마치 라틴계 불법체류자나 2등 국민으로 취급하는 것이 진저리나도록 싫어서 무작정 내 모국, 한국에 왔다. 하지만 친모 소식은 모른다.

한국에 오자마자 2001년 미국에서 여동생이 준 전북 익산에 있는 친모의 주소를 찾아 갔는데 이사를 가셨는지 다른 분들이 살고 있었고 친모 성춘자 씨에 대해서는 전혀 모르셨다. 그래서 찾을 수가 없었다. 나는 친모가 나를 아예 입양 보내지 않았으면 내 인생이 훨씬 좋았을 것이라는 생각을 한다. 한국에서 살면서 어떤 생활고나 혼혈아에 대한 차별, 어려움이 있었더라도 내가 미국에서 겪은 어려움, 고통, 외로움, 적막함에 비하면 아무것도 아니라고 생각한다.

사랑하는 친모와는 어떤 어려움도 함께 오순도순 살면서 다 극복해낼 수 있었을 것이라는 생각이 든다.

그리운 엄마에겐 손녀도 생겼어요

1974년 12월 영등포경찰서 부근서 발견된 김현희 씨

김현희 씨는 한국계 독일 입양인이다. 1976년 3월 32일 김 씨를 독일로 입양 보낸 홀트 입양기관의 기록에는 김 씨가 지난 1974년 12월 겨울 영등포경찰서 부근에서 발견됐다고 적혀 있다. 그후 1975년 5월 27일 영등포경찰서에서 성로원이라는 아동보호시설에 입소한 것으로 돼 있고, 생일은 1971년 5월 25일로 돼 있다.

김 씨가 지난 한국 방문 기간 동안 한국 경찰로부터 새로 받은 기록에 따르면 김 씨의 출생일과 아동보호시설 입소일은 홀트 입양기관의 기록과 달랐다. 경찰 기록에 따르면 김 씨는 지난 1974년 12월 31일 영등포경찰서에서 성로원이라는 아동보호시설에 입소한 것으로 돼 있었다. 홀트 입양기록에는 지난 1975년 5월 27일에 성로원에 입소한 것으로 돼 있으니 약 5개월의 차이가 있는 것이다. 또 경찰 기록에는 김 씨가 1971년 2월 25일 생으로 기록돼 있어서 홀트 기록(1971년 5월 25일)과는 무려 3개월이나 차이가 난다.

어른들의 무관심 때문이었을까. 두 개의 기록 중 어느 것이 맞는지, 또 왜 자신의 삶에 대한 기록이 두 개나 있는지 김 씨는 이해할 수 없었다. 김 씨는 친부모를 찾을 수 있는 중요한 단서가 되는, 무엇보다 소중하고 결정적인 기록이 왜 상이한지 답답했다.

김현희 씨는 한국에 방문하자마자 친부모를 찾고자 자비를 들여 자신의 정보를 기재해놓은 물티슈를 대량으로 만들었다. 그리고 1974년 12월 자신이 발견됐다는 영등포경찰서 주변으로 갔다. 거기서 김 씨는 자신의 부모 세대로 보이는 나이가 지긋한 분들에게 물티슈를 나눠주며 친부모를 수소문했다. 그러나 그러한 김 씨의 노력은 안타깝게도 허사로 끝났다. 지난 15일 김 씨는 아쉬움을 뒤로한 채 다시 독일로 돌아갔다.

아래는 김현희 씨와의 대화를 요약한 글이다.

나에 관한 두 가지 기록

한국 이름 김현희는 한국의 아동보호시설 성로원 원장님이 내가 입소할 당시 지어주신 것이다. 내 출생일은 1971년 2월 25일(경찰 기록)과 1971년 5월 25일(홀트 기록) 중 하나인 것 같은데 나도 모르겠다. 내가 영등포경찰서 부근에서 발견되고 성로원이라는 아동보호시설에 입소한 날짜도 1974년 12월 31일(경찰기록)과 1975년 5월 27일(홀트기록)로 두 개나 있다. 나에 관해 각기 다른 두 가지 기록을 보면 머리가 아프고 가슴이 답답하다.

아동보호시설 입소 시 나는 빡빡머리에, 빨간색 모자를 쓰고 있었고, 자주색 상의에 빨간색 점이 있는 초록색 바지를 입고 있었던 것으로 기록돼 있다. 그외에 기억나는 것은 없다. 단지 1974년 12월 아니면 1975년 5월에 내가 영등포경찰서 부근에서 발견된 것으로 돼 있다. 그후 1976년 3월 23일 홀트를 통해 독일 가정에 입양되었다. 단, 1976년 3월 독일로 해외입양된 뒤 거의 매일 밤, 한 1년 정도, 군인들이 우리집을 둘러싸고 있는 똑같은 꿈을 많이 꿨다.

한국 첫 방문은 지난 1998년 7월 10일부터 31일까지였다. 22년 만에 방문한 것이다. 당시에 홀트와 성로원을 방문해 친부모를 수소문했지만 실패했다. 안동, 제주, 속초, 설악산 등 한국의 여러 곳을 방문했다.

당시 한국과 한국인들이 너무 궁금했다. 독일로 입양되기 전, 내가 1년 정도 지내던 성로원에서 많은 고아들을 봤는데 가슴이 아팠다. 그 아이들을 보면서 내가 한국인도 아니고 독일인도 아닌 어정쩡한 사람 같은 느낌이 들었다.

막연하게 한국에 와서 내가 있던 곳을 방문하면 친부모에 대해 뜻하지 않게 어떤 기억이라도 떠오르지 않을까 기대했다. 무려 3주를 한국에서 보냈지만, 안타깝게도 입양 전 기억이 하나도 떠오르지 않았다. 안타까운 마음으로 한국을 떠났던 기억이 있다.

두 번째 방문은 지난 2010년 3월 8일부터 4월 4일까지였다. 그때 나는 독일에서 막 태어난 딸을 둔 엄마였다. 젖먹이 딸을 데리고 한국에 왔다. 딸과 함께 다시 성로원을 방문해 원장님을 만났지만, 역시 친부모를 찾을 수는 없었다.

첫 방문과 비교했을 때 두 번째 방문한 성로원은 변해 있었다. 많은 아이들을 보면서 알 수 없는 슬픔이 복받쳤다. 아이들이 나와 딸의 손을 잡고 놀고 싶어해 무척 안타까웠다. 사랑에 굶주린 아이들 같았다. 아이들이 내게 안기고 싶어했는데 내가 팔이 두 개밖에 없어서 한 번에 아이 둘만 안았다. 그래서 다른 아이들에게 무척 미안했다. 아이들의 초롱초롱한 눈동자를 지금도 잊을 수 없다.

또한 나는 한국 여성의 사회적 위치가 독일 여성의 사회적 위치와 많이 다르다는 느낌을 받았다. 나는 지금 싱글맘으로 남자친구와 동거하면서 딸을 키우며 살고 있다. 독일 사회에서는 아무런 차별을 받지 않는다. 하지만, 한국에서는 싱글맘들이 많은 어려움과 차별을 받고 있다는 느낌이 들었다.

독일에는 5살 연상인 독일인 오빠가 있고, 조카가 둘이 있다. 지난 1976년 독일에 처음 왔을 때 나는 오빠의 행동을 모두 따라했다, 오빠는 내가 독일생활에 빨리 정착하는 데 큰 도움을 줬다. 그래서 지금도 오빠와는 사이가 아주 좋다. 게다가 양부모님은 나와 오빠를 차별하지 않고 가족으로 받아들이셨다.

10대 때에는 어려움이 많았다. 그때 정체성의 위기가 찾아왔다. 오빠와 양부모, 독일 친척들은 모두 나와 다르게 생겨서 아주 고민이 많았다. 물론 인종차별도 많이 당했다. 독일에는 인종차별주의자가 아직도 있다. 괴로운 시간이었다. 10대 때는 거의 매일 내가 태어난 한국은 어떤 나라일까, 내가 뭘 잘못했기에 친부모님은 나를 버리셨나 생각했다.

하지만, 힘든 일이 있을 때마다 내일은 오늘보다 좀 나아질 것이라고 생각하면서 매 순간 어려움을 극복했다. 그리고 내게 인종차별을 하는 사람들을 볼 때마다 저들이 잘못된 것이지 내가 잘못된 것은 아니라고 스스로를 위로하고 격려했다.

마음 한구석에서 늘 언젠가는 친부모님을 찾아야겠다고 생각했다. 결정적인 계기는 딸을 임신하면서부터다. 임신했을 때 의사가 집안에 유전되는 병이 없는지를 물었는데 친부모에 대해 아는 게 없으니 답변을 할 수는 없었다. 그때 친부모님을 꼭 찾아야겠다는 생각이 강렬해졌다. 또 훗날 딸에게도 내 뿌리와 한국의 조부모님에 대해 잘 이야기해줘야 할텐데, 그러기 위해서는 친부모님을 찾아야 하지 않겠나라는 생각을 했다.

내 나이도 마흔이 넘었으니 한국 친부모님도 연로하셨을 것이다. 돌아가시기 전에 꼭 만나뵙고 싶다. 그래서 한국에서의 내 삶에 대해 묻고 싶다. 궁금한 게 무척 많다.

아래는 김현희 씨가 얼굴도 모르는 친모에게 보내는 편지이다.

엄마! 보고 싶어요. 잘 계신지요? 저는 부모님을 비난하고 싶은 생각은 없습니다. 단지 제 과거와 뿌리가 궁금할 뿐입니다. 저는 오랫동안 인생의 해피엔딩이란 것을 믿지 않았어요. 하지만, 딸을 낳아 키우면서 해피엔딩을 믿게 됐어요. 그래서 죽는 날까지 엄마와 아빠, 그리고 한국 친척들을 찾을 겁니다.

부모님을 찾아서 서로 사랑하고, 죽을 때까지 서로 연락하면서 지내면 좋겠습니다. 그전에는 제 인생이 미완성인 것 같은 느낌이 들어요. 저는 항상 부모님이 궁금했어요. 어떻게 생겼을까, 어떤 성격일까, 나와는 얼마나 닮았을까.

제가 딸을 키우면서 친엄마와 상상 속 대화를 많이 합니다. 저를 임신하고 출산하셨을 때 기분은 어떠셨나요? 양육을 포기하셨을 때는 언제인가요? 그때 엄마 나이는요? 제가 영등포경찰서에서 발견된 게 4살 때니까 그때까지 제가 친척집에 살았나요?
엄마, 아빠, 또 모든 한국 친척 분들을 보고 싶어요. 제가 엄마를 닮았나요? 엄마도 저처럼 안경을 쓰시나요? 아빠는 어떤 분이신가요? 제가 자라난 곳은 어디인가요? 저는 행복한 아이였나요? 부끄러움을 많이 타는 아이였나요?

엄마, 엄마에겐 '김'이라는 이름의 손녀가 있어요. 제 딸이 한국 할아버지 할머니를 보고 싶다고 합니다. 전 지금 딸과 함께 한국어를 공부하고 있습니다. 언젠가 한국에서 부모님을 만나면 딸과 한국말로 인사드리기 위해서이지요. 그런데 한국말은 정말 어려워요!

엄마를 만나면 내 인생은 정말 해피엔딩이 될 것입니다.

엄마, 사랑해요!

딸 김현희 올림.

최혜은 씨, 이국에서 아들이 고생했어요

1962년생 엄마 찾는 덴마크 입양인 최명호 씨

최명호 씨는 1984년 3월 30일 오전 10시 19분 경기도 광명시 광명3동 158-187호 윤의원에서 태어났다. 그의 친모 이름은 최혜은 씨며, 1962년 생으로 울산에서 살던 분으로 알려져 있다. 여기까지는 2007년 최명호 씨가 한국홀트를 방문해서 얻은 그의 친부모에 대해 아는 정보의 전부다. 당시 최명호 씨는 홀트를 방문해서 친부모에 대해 더 많은 정보를 요청했지만 그 이상은 전혀 모른다는 답변을 들었다.

태어난 지 5시간 만인 1984년 3월 30일 오후 3시 반에 신생아였던 최명호 씨는 홀트에 맡겨졌고, 덴마크의 가정에 입양되어 생후 약 5개월인 1984년 8월 17일 비행기에 실렸다. 덴마크의 입양부는 1945년생으로 시계수리공이었고 입양모는 1955년생이며 유치원교사였으며, 재혼가정이었다.

알콜중독자 아버지와 약물중독자 어머니 사이에서

최 씨 입양부는 알콜중독자로 항상 술에 절어 살았고, 입양모는 항상 신경안정제를 먹으며 약에 절어 살았다. 입양부는 다혈질 성격에 거의 매일 술을 마시고 집에 들어왔고 입양모는 아주 내성적인 성격으로 사람 만나기를 좋아하지 않았으며 늘 걱정근심이 많았다. 두 사람 사이는 원만하지 않았고 명호 씨가 기억하는 어린 시절은 입양부모가 부부싸움을 안 하고 지내는 날이 하루도 없을 정도였다.

심한 날은 입양모의 비명이 최명호 씨의 고막을 찢을 듯했다. 그럴 때 그는 베개로 귀를 꽉 틀어막고 방문을 잠그고 쭈그리고 앉아서 이런 생각을 했다. 저렇게 죽도록 서로 싫어하시는데 부모님은 왜 결혼하셨고, 왜 나를 입양하셨을까?

때로는 술에 취한 입양부가 입양모에게 폭력을 휘두르기도 했고 그럴 때 입양모의 날카로운 비명소리는 더욱 커졌다. 한번은 어린 최명호 씨가 폭력을 말리다가 입양부에게 목이 졸려 거의 정신을 잃은 적도 있었다.

한마디로 어린 시절 최명호 씨는 극도의 외로움 가운데 살았다. 학교에 들어가서도 학교생활이 하나도 즐겁지 않았지만, 집에서 항상 다투시는 부모님을 생각하면 학교 끝나고 집에 가는 것도 전혀 즐겁지 않았다. 명호 씨는 점점 더 침묵과 조용함 속으로 도망치는 소년이 되어갔다.

학교에서는 자신을 놀리고 괴롭히는 백인아이들과 끝없이 싸워야 했다. 명호 씨는 조용한 성격의 아이였지만 자기를 괴롭히는 급우들에게 대항해 때로는 말로, 때로는 주먹과 발로 싸웠다. 반에서 유일하게 유색인종 아이였던 최명호 씨와 점심시간에 같이 앉아 식사를 하는 학생은 한 명도 없었다. 그는 항상 혼자였고 외로움과 고독감 외에는 그의 주변에 아무도 없었다.

한번은 무슨 일로 급우와 심하게 싸웠던 것 같다. 그때 거인 같이 큰 남자선생님이 명호 씨 쪽으로 성큼성큼 다가 왔다. 그 남자선생님은 명호 씨의 몸을 가볍게 번쩍 들어 올려서 커다란 쓰레기통에 쑤셔 넣었다. 그 깊고 악취가 나는 쓰레기통을 어떻게 기어나왔는지 전혀 기억이 안 나지만 그 독한 냄새는 지금도 생생하게 명호 씨 코끝에 머물러 있다.

집에서는 입양부모의 싸움이 싫었고 학교에서는 급우들의 괴롭힘이 싫었다. 그러나 갈 곳이 없었던 최명호 씨는 그런 어려움을 피해서는 해결할 길이 없다는 생각이 들었다. 그래서 자기를 괴롭히는 학생들을 회피하지 않고 대항해서 싸웠다. 그러니 학교에서 명호 씨는 항상 싸움꾼이 되었다.

고등학교를 졸업하고 최명호 씨는 대학 보석디자인과에 진학하면서 양부모로부터 독립했다. 혼자 살면서 대학에 다니던 어느 날 처음으로 덴마크 여학생과 데이트를 했다. 그 여학생을 몇 번 만난 어느 날이었다. 다른 여학생들이 여자 친구와 나누는 이야기를 우연히 듣게 되었다. 얘, 명호와 데이트 하다 아기가 생기면 어떡하니? 찢어진 눈에, 피부가 어두워. 그런 애가 나오면 어떻게 하려고 그러니? 대략 이런 내용이었다. 얼마 후 명호 씨는 그 여자 친구와 누가 먼저라고 할 것도 없이 헤어지게 되었다.

대학을 졸업하고 명호 씨는 2007년 친모를 찾기 위해 두 달간 한국을 방문했다. 그러나 홀트를 방문해도 친모 이름과 자기 출생장소만 알 수 있었고 다른 아무 정보도 얻을 수 없었다. 그 후 2009년 다시 방한하여 2년간 머무르며, 친부모님 만날 때를 대비해 이화여대와 서강대에서 8개월간 한국말을 배우면서 친부모를 수소문했지만 이 때도 역시 아무 소용이 없었다.

그는 여전히 1962년 생으로 울산에 산 적이 있고, 1984년 3월 30일 오전 10시 19분 경기도 광명시 광명3동 158-187호 윤의원에서 자기를 이 세상에 낳아준 친모 최혜은 씨를 애타게 찾고 있다.

엄마 이혜영 씨를 찾는 입양인 이혜영 씨

1985년 6월 부산 구호병원에서 출생, 싱글맘에 청각장애 있었던 친모

이혜영 씨는 1985년 6월 22일 새벽 6시 30분 부산시 서구 구호병원에서 친모 이혜영 씨의 딸로 태어났다. 엄마와 딸의 이름이 같다. 친모 이혜영 씨는 당시 25세였고, 싱글맘으로 청각장애가 있었다. 출생 당시 이혜영 씨는 등 아래쪽에 점이 있었고 배꼽 위에 흉터, 발가락이 벌려진 기형 모양을 하고 있었다. 이혜영 씨가 이 세상에 나온 지 불과 이틀 후 친모 이 씨는 조산한 딸을 키울 능력이 도저히 안 된다는 말을 남긴 채 구호병원을 떠나 잠적했다.

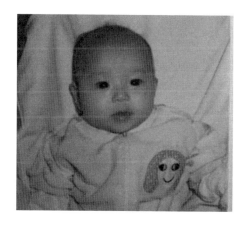

이혜영 씨는 구호병원이 있었던 부산의 모성원이라는 이름의 고아원에 한동안 머물렀다. 당시 고아원 원장이 친모이름을 그대로 사용하여 이름을 지어주었다. 그리고 그 해(1985년) 9월 4일, 생후 3개월이 채 안 된 혜영 씨는 모성원의 요청으로 대한사회복지회 부산지부를 거쳐, 6일 후인 9월 10일 서울에 있는 한 가정에 위탁되었다. 그로부터 5년 후인 1990년 12월 18일, 5살이 갓 넘은 혜영 씨는 미국 미네소타주의 가정에 입양됐다.

한국에 대해 기억나는 것은 아무것도 없다

5살에 미국으로 입양됐지만, 혜영 씨에겐 한국에 대한 기억이 전혀 없다. 이런 현상은 해외입양인들에게 자주 일어나는데, 과거를 회상하는 것 자체가 너무 고통스러울 때 생존본능으로 기억상실증이 발생하는 것이다. 시간이 흘러서 혜영 씨가 영어로 의사소통을 할 수 있게 되자 양부모는 그에게 너는 한국에서 태어났다고 이야기 해주었다. 그 후 양부모는 혜영 씨를 한국동포들이 운영하는 한국문화 체험 캠프 프로그램에 보내곤 했다.

백인 양부모와 함께 백인동네에 살며, 백인 아이들이 압도적으로 많은 학교에 다녔던 혜영 씨는 동네와 학교에서 아이들에게 많은 놀림을 받았다. 그러나 혜영 씨의 양부모는 색맹(color blind)이었다. 그래서 그들은 황인종인 혜영 씨가 백인종 공동체에서 당할 수밖에 없었던 갖가지 수모와 차별을 볼 수도, 느낄 수도, 이해할 수도 없었다.

피부색으로 인한 차별과 왕따를 당했고, 백인들과 다르게 생긴 자신의 아픔과 고통을 양부모와 전혀 공유할 수 없었던 혜영 씨는 외로움을 많이 느꼈다. 극진한 양부모의 사랑과 정성에도 불구하고, 혜영 씨는 자기가 버림받은 아이라는 생각을 많이 했다. 언제부터인지 혜영 씨는 하루도 안 거르고 매일매일 얼굴도 모르는 친부모를 생각하고 그리워했다고 한다.

지금 혜영 씨는 마이클코어스라는 미국회사에서 일한다. 그러나 그는 시간이 날 때마다 틈틈이 미국에 있는 다른 한국입양인들의 친부모 찾기를 도와준다. 또 미국 노숙여성들 쉼터와 환경문제에 관한 자원봉사도 한다.

미치도록 그리운, 얼굴도 모르는 엄마

혜영 씨는 언제부터인가 미네소타주의 파란 하늘을 우러러 보면서 한국에 있는 친모를 찾게 해 달라고 기도했다. 본 적도 없는 엄마였지만, 혜영 씨는 자기와 이름이 같은 친모를 미치도록 그리워했다.

그래서 혜영 씨는 지난 2003년, 해외입양 후 13년 만에 친모를 찾기 위해 처음으로 꿈에 그리던 모국을 방문했다. 당시 혜영 씨는 자기 생애에 가장 큰 기쁨과 슬픔을 함께 느꼈다. 기뻤던 이유는 당시 자기가 도움을 주었던 다른 해외입양인들이 모국에서 친가족을 찾았기 때문이다. 혜영 씨는 그들의 재회가 마치 자기 일인 것처럼 무척 기뻤다고 한다.

그러나 혜영 씨는 친모를 찾을 수 없었다. 크게 좌절했다. 이제까지 살면서 그때

만큼 큰 절망감을 느낀 적은 없었다고 한다. 당시 친모는 찾지 못했지만, 한국이 무척 좋았다는 혜영 씨. 그는 이후 한국을 자주 방문하리라 마음 먹었단다. 하지만 미국으로 돌아간 뒤 바쁜 나날을 보내다 보니, 어느덧 10년의 세월이 흐른 후에야 가까스로 다시 모국을 방문했다. 이번에도 친모를 찾고자 자신이 태어난 부산을 비롯하여 전국의 여러 곳을 발이 닳도록 찾아 다녔다. 하지만 이번에도 꿈에 그리던 친모를 찾을 수가 없었다.

혜영 씨는 입양 제도를 끝내자고 말한다.

"해외입양제도를 끝내기 위해 우리 함께 일합시다. 아이가 자기 생각과 느낌을 잘 표현하지 못한다고 해서 일방적으로 아이를 해외입양 보내는 것은 아이 마음에 평생 지울 수 없는 깊은 상처와 아픔을 줍니다. 해외입양은 아이의 행복과 건강한 정신적 발달을 위해 결코 좋지 않습니다.

또, 우리 입양인들이 친가족을 찾고자 할 때 파편처럼 부서진 부분적인 정보가 아니라 전체적인 정보를 주세요. 우리는 해외입양을 경험하지 못한 당신들과 같은 인간입니다. 당신이 당신의 뿌리인 부모가 누구인지 알권리를 가진 것처럼, 우리 해외입양인도 우리 뿌리인 친부모님에 대해 알권리를 가지고 있습니다. 자기 친부모님을 알권리는 인간의 기본권리 입니다. 나는 해외입양인도 이러한 인간의 기본권을 누릴 자격이 충분히 있다고 생각합니다."

아래는 혜영 씨가 친모에게 보내는 편지다.

난 항상 엄마를 사랑했어요. 엄마, 내게 아름다운 삶을 주어서 감사해요. 내가 엄마를 찾을 수 있다면 마침내 내 마음은 평안과 충족감을 느낄 수 있을 거예요.

내 모국, 한국을 생각하면 맘이 찢어질 정도로 괴롭네요. 난 미국에서 어려움을 겪기도 했지만, 전반적으로는 그나마 풍족하고 아름다운 삶을 누렸어요. 그러나 항상 알 수 없는 슬픔, 고통, 공허함을 지금도 느끼고 있어요.

버스정거장에 날 두고 간 부모님을 원망하지 않아요

덴마크 입양인 요한 크리스티안센이 부모님을 찾습니다

요한 크리스티안센은 덴마크 입양인이다. 그는 1살 때 부산에서 덴마크로 입양되었다. 내가 요한에게 친부모 찾는 일을 도와주고 싶다고 했을 때 그는 갑자기 눈시울을 붉히며 나를 와락 끌어안았다. 나는 좀 당황했지만 친부모를 그토록 찾고 싶어 하는 요한의 말로 표현할 수 없는 갈증 같은 것을 느꼈다.

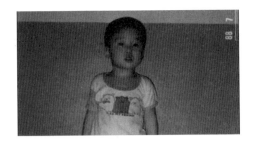

요한은 인종 간 입양된 해외입양인이다. 해외입양에 관해 연구하는 전문가들은 인종 간 입양에 관해 크게 두 가지 관점을 갖고 있다. 하나는 인종 간 입양이 입양아동에게 지울 수 없는 상해나 트라우마를 평생 동안 준다는 것이다. 다른 하나는 인종 간 입양이 인종차별이나 인종주의를 초월한 인도주의적 사랑을 증명한다고 보는 관점이다.

요한은 그 둘 중 어딘가에 있는 것 같다. 내가 만난 입양인들 중 드물게도 요한은 양부모와 사이도 좋았고 무지갯빛 미래를 꿈꾸고 있다. 그래도 그는 친부모 이야기에 목소리가 커졌다. 친부모에 대한 사소한 정보라도 알고 싶어하고, 부모를 사무치게 그리워하는 요한의 모습을 통해 나는 인간이란 존재가 무엇인지 다시 한 번 생각해 보게 됐다.

인종 간 입양은 외롭고 고립된 경험이다. 유색인종 아이는 백인 부모의 보살핌 속에서 자라가지만 사실 백인 부모는 유색인종 아이가 학교나 동네골목에서 겪는 정체성 문제에 대한 고민이나 쓰라린 인종차별의 고통을 알 수 없고, 이해하기도 어렵다. 나는 요한을 깊이 알지는 못하지만 그는 인종 간 입양을 잘 극복하고 있는 것처럼 보였다. 그런데도 그는 한국의 친부모를 잊지 못한다.

아래는 크리스티안센과의 대화를 요약한 글이다.

기억나는 것이 없다

3살 때 덴마크로 입양되었지만 한국에서의 어린 시절에 관해 기억나는 것이 하나도 없습니다. 덴마크 양부모님이 제가 입양 될 당시 찍은 비디오 영상을 보여주시고 또 이야기 해주셨는데 그것이 한국과 관련된 제 어린 시절에 대한 기억의 전부입니다.

홀트입양기관에 따르면 저는 1987년 10월 27일 저녁 8시경 부산시 남산동 버스정거장에서 발견되었답니다. 그 후 저는 남광고아원으로 옮겨졌고 1988년 4월 29일 홀트로 옮겨졌다고 들었습니다.

제 한국이름은 차영환입니다. 그러나 이 이름은 홀트에서 지어준 것이고 제 친부모가 지어준 것은 아니랍니다. 서류상 제 생일은 1985년 10월 24일인데 이것 또한 추정일 뿐 제 실제 생일은 아무도 모릅니다.

제가 어떻게, 왜 해외입양이 되었는지 그 이유를 저는 전혀 모릅니다. 그래서 저는 친부모님을 정말 찾고 싶습니다. 내가 태어난 한국 집과, 어떻게 해외입양이 되었는지 아주 궁금합니다. 친부모님을 찾으면 제 한국에서의 어린 시절에 대한 이야기와, 향후 한국 친부모님과 제가 함께 할 수 있는 미래에 대해 밤을 지새워서라도 이야기를 나누고 싶습니다. 하지만 홀트나 다른 기관 또는 어느 개인도 제 친부모님에 대해 말해 준 적이 없습니다. 저는 제 친부모님을 찾기 위해 무엇이든지 하려고 합니다.

덴마크에서 자라면서 가장 어렵고 힘든 일

한 번은 양어머니와 옷가게에서 제 키를 잰 적이 있습니다. 갑자기 한 남자가 나와 양어머니를 번갈아 보더니 무심코 말하더군요. 중국에서 그대로 있었으면 이렇게 크지는 않을 것이라고. 제 키가 185cm라 그랬던 것 같습니다.

덴마크에서 제가 길을 지나갈 때 쳐다보는 덴마크인들도 있었습니다. 제가 아시아인이라서 그들이 저를 흘끔거리는지 제가 잘생겨서인지 또는 이상하게 생겨서인지 그 이유를 저는 모릅니다. 한국에서도 사람들이 저를 유심히 쳐다 볼 때가 있습니다. 그러나 한국인들이 저를 쳐다 볼 때는 제가 아시아인이라서 쳐다보는 것이 아니겠지요. 다른 무슨 이유가 있겠지요. 저는 덴마크인이나 한국인들을 비난하고자 하는 것은 아닙니다. 단지 제가 겪은 경험과 느낌을 담담하게 이야기 드리는 것 뿐입니다.

제가 해외입양이 되었다고 해서 저는 한국 친부모님이 저를 사랑하지 않았거나 덜 사랑했다고는 생각하지 않습니다. 제 친부모님은 제가 입양이 되면 제 삶이 훨씬 행복할 것이라고 생각하고 1987년 10월 27일 저녁 8시경 부산시 남산동 버스정거장에 저를 두고 가셨다고 믿습니다.

자식을 키우지 못하고 포기한 친부모님들도 결국은 자식에 대한 사랑 때문에 그랬다고 저는 믿고 있습니다. 저는 제 친부모님을 만나 친 가족 간의 허심탄회하고 친밀한 시간을 갖고 장시간 여러 대화를 하고 싶습니다. 가족은 세상에서 가장 좋은 것이라고 생각합니다.

제 양부모님은 아주 좋은 분들입니다. 저를 사랑으로 키우셨고 제가 필요로 할 때 항상 옆에 계셔주었습니다. 아주 이상적인 부모님들이라고 할 수 있습니다. 1988년 11월 덴마크로 입양된 후 어린 시절 가장 기억에 남는 일은 4살 때 양부모님께서 장난감 트랙터를 사주신 것입니다. 저는 너무 신이 나서 양부모님과 눈 속에서 함께 뒹굴며 눈싸움을 하고 행복한 시간을 보냈습니다.

한번은 실컷 놀다가 저녁에 집으로 들어왔는데 제 양엄마는 흙으로 뒤덮인 옷을 보고 무척 놀라셨습니다. 하지만 야단치시거나 화를 내시지 않고 옷을 세탁해주셨습니다. 너무 행복했던 순간들입니다.

한국을 자주 찾는 이유는

2009년 중앙대학교 여름학교 프로그램을 위해 한국에 처음 왔습니다. 당시 한국의 문화, 예술, 전통, 역사에 관해 배우고 생각하는 시간이 많아서 좋았습니다. 한국의 여러 고궁도 방문했는데, 참 아름답다고 생각했습니다.

지난해 한국에 두 번째로 왔는데 전 세계 600명의 해외입양인들이 모여서 입양 문제에 대한 강의를 듣고 토론을 했습니다. 당시 입양인들은 한국방문에 대한 서로의 느낌을 나누었는데 크게 두 가지 범주로 나눌 수 있습니다. 한 부류는 입양인들이 한국에 온 것을 한국인들이 모국에 온 것으로 환영해 주었다고 느낀 입양인들이 있었습니다. 다른 부류는 정반대로 한국인들이 입양인들을 환영해 주지 않는다고 느꼈답니다.

금년에 저는 홀트에서 해외입양인들을 위해 주최한 서비스 프로그램을 위해 세 번째 한국에 왔습니다. 제주도도 방문하고 추억에 남을 좋은 시간도 보냈습니다.

저는 결혼해서 아내, 그리고 아이들과 한국에서 살고 싶습니다. 제 덴마크 양부모님과는 지금처럼 가깝고 친밀하게 지내고 싶습니다. 물론 한국 친부모님을 만날 수 있다면 더할 나위 없이 좋겠습니다. 또 다른 해외입양인들에게도 그들이 친부모님을 만날 수 있도록 여러 가지 도움을 주고 싶습니다.

제가 한국에서 살고 싶은 이유 중 하나는 덴마크에서 사는 것보다 한국 친부모님을 만날 확률이 높을 것이라고 생각하기 때문입니다. 다시 요청 드립니다. 이 기사를 보시고 저를 알아보시는 한국 친부모님들이나 친 가족들이 있으시면 꼭 연락 주십시오.

보고 싶습니다. 친부모님!

이정자 조산소에 있던 박미영 씨를 찾습니다

독일 입양인 정미영 씨

하다 못해 비둘기나 연어도 귀소본능이 있다. 특히 연어는 뛰어난 귀소본능으로 유명하다. 연어는 산란기가 되면 강을 거슬러 올라가 자신이 태어난 곳으로 가 알을 낳는다. 수천 킬로 미터를 헤엄쳐 돌아오는 길은 연어에게 목숨을 건 여정이다. 산란기가 가까워지면 연어는 먹이도 입에 대지 않고, 그 상태로 거센 물살을 거슬러 오르고 때로는 폭포도 뛰어 넘다 생명을 잃는다.

독일 입양인 정미영 씨는 해외입양 보내진 지 30년 만인 지난 2008년 처음 한국을 방문한 이래 지금까지 5번째로 친부모를 찾기 위해 한국을 방문하고 있다.

정미영 씨는 지난 1978년 11월 7일 오후 8시 35분 서울 관악구 봉천동 이정자 조산소에서 태어났다. 그 다음날인 11월 8일부터 다음 해인 1979년 3월 26일까지 정씨는 서울 삼양동에 있는 위탁시설에 맡겨졌다. 정씨는 자신의 이름 정미영은 친모 이름 박미영을 따라 입양기관에서 지어준 것으로 추정하고 있다. 그 후 1979년 3월 27일 생후 약 5개월이던 정씨는 독일 프랑크푸르트의 가정에 입양 되어 한국을 떠났다.

정미영 씨의 친모 이름은 박미영 씨로, 정씨 출생 당시 모친은 35세 부친은 40세였다. 정씨 부모님은 당시 딸 다섯이 있었고 정씨는 여섯 번째 딸로 출생했다. 기록에 따르면 당시 정씨 모친은 가정주부였고 부친 직업은 확실하지 않다.

정씨 입양기록을 보면, 정씨 부모는 당시 딸 다섯을 이미 양육하고 있었고 아들을 갖고 싶은 욕망에서 출산을 원하였지만 늘 딸이었다고 되어 있다. 아들이 아닌 딸로 태어난 죄 때문인지 아니면 친부모의 생활고 때문인지는 정확히 모르나 생후 약 5개월 만에 정씨는 입양아 신분으로 독일로 보내졌다.

정씨는 6명의 딸들 중 자신만이 입양된 것으로 알고 있다. 친부모와 언니들을 만날 날을 대비하여 정씨는 지금 서강대학교에서 한국어를 배우고 있다. 정씨가 친가족을 만나고 싶은 이유는 과거에도 그렇고 지금도 그렇고 자신이 아주 행복한 삶을 살고 있다는 것을 부모님과 언니들에게 알리고 싶어서다.

아래는 정미영 씨와의 대화를 그대로 옮긴 것이다.

부모님이 저를 입양 보낸 것에 대해서 미안해 하시거나 부끄러워하실 필요는 전혀 없어요. 다섯 분의 언니도 너무 만나고 싶습니다. 언니들의 외모와 행동이 나와 비슷한지도 너무 알고 싶군요.

한국정부는 미혼모들을 적극 지원해 줘야 합니다. 결국 미혼모에 대한 인색한 지원으로 생활고 때문에 미혼모들이 사랑하는 자녀를 입양 보낼 수밖에 없는 것이지요. 세계 10위권 세계경제대국인 한국이 아직도 해외입양 세계 3-4위 국가라는 것은 아주 부끄러운 일이지요.

조용하다는 이유로 맞던 아이가
친부모를 찾습니다

생업 내팽개치고 33년 만에 한국 찾은 김영부 씨의 사연

김영부 씨는 1971년 10월 8일 부산에서 태어났다. 그후 1975년 8월 2일 오후 4시께 부산 부산진구 범천2동 1298번지 인근을 순찰하던 한 경찰이 그를 발견했다. 당시 그가 입고 있던 옷 속에는 생년월일과 이름이 적힌 쪽지가 들어 있었다. 쪽지에는 1971년 10월 8일 출생, 이름 '김영부'라고 적혀 있었다. 이후 그는 남광복지관을 통해 그 다음해인 1976년 스위스의 한 가정에 입양되었다.

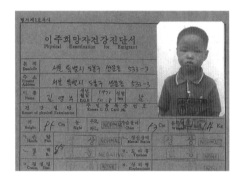

그는 어릴 적 한국에서 4년이나 살았지만 한국이나 친부모에 대해 기억하는 것은 아무것도 없었다. 앞서 말했듯이 이런 현상은 해외입양인들에게 종종 일어나는데, 고통에 대한 기억이 아주 심할 때 자기도 모르게 기억상실에 걸리는 현상이다. 기억상실은 오히려 기억이 주는 고통에 사로잡히지 않을 수 있는 일종의 생존 메커니즘인 것이다. 기억을 잃어버림으로 비로소 살아남을 수 있다는 이야기다.

김영부 씨는 스위스 중부지방의 보수적이고 부유한 가정에 입양되었다. 김영부 씨 양아버지는 성공한 기업인으로 집은 부유했다. 그는 양어머니와 백인 여동생과 함께 자랐다.

그의 양아버지는 아주 권위적이었고 몸도 건장했다고 한다. 그의 양아버지는 때때로 김영부 씨에게 폭력을 가하기도 했다. 물론 스위스에서는 아동 폭력이 불법

행위다. 하지만 양아버지는 김영부 씨가 너무 조용하다며 폭력을 가했다고 한다.

나이 어린 아기 혹은 소년이 너무 조용하다는 이유로 아버지에게 맞았다는 것은 무엇을 말하는 것일까. 원래 영아나 유소년은 잠자지 않는 시간 내내 조금도 조용한 법이 없는 것이 자연스러운 게 아닌가. 김영부 씨가 친모에게서 버려지고 입양되는 과정에서 정신적인 상처를 입고 우울증에 시달렸을 가능성이 적지 않음을 보여주는 대목이라 할 수 있다. 일종의 영아 혹은 유소년 우울증. 국제 간의 입양이 아동에게는 행복이기 전에 일종의 폭력과 다름 없는 것을 여기에서 알아 볼 수 있는 것은 아닐까.

한편, 양어머니의 몸은 아주 허약했다고 한다. 그의 양어머니는 젊은 나이에 심장병·신장병·합병증에 걸린 후 뇌졸증으로 쓰러졌다. 그리고 제대로 걸을 수 없는 불구자가 됐다. 양어머니가 불구자가 된 뒤 양아버지는 더욱 거칠어지고 폭력적이 됐다. 그래서 김영부 씨는 건장한 체구의 힘이 강한 양아버지를 항상 두려워했고, 양부가 집에 있는 주말이나 휴일이 제일 싫었단다. 그런 날이면 방안에서 쥐 죽은 듯 지냈다고.

그러던 어느 날부터 그는 양부의 폭력에 대항하기로 마음 먹었다. 그래서 16살 때인 1987년부터 쿵푸를 배우기 시작했다. 쿵푸를 배우고 얼마 지난 후부터 양아버지의 폭력이 마침내 중단됐다. 2002년까지 쿵푸를 배운 그는 현재 쿵푸 4단이다.

김영부 씨가 20살이 되던 해인 1991년. 그는 양부모가 미워서 가출했다. 6개월 동안 아무런 연락도 하지 않고 야외에서 캠핑을 하거나 친구 집을 전전하며 지냈다. 그리고 여러 가지 일을 하며 그럭저럭 돈을 모아 혼자 지낼만한 공간을 마련했다.

스위스에서 마케팅 기획자로 일하던 김영부 씨는 2009년 다니던 직장에 사표를 내고, 친부모를 찾기 위해 무작정 한국행 비행기에 올랐다. 그후 부산에 도착해 자신이 발견됐다는 장소(현재 교통부 사거리 인근) 및 보육원을 33년 만에 다시 찾았다. 당시 아주 묘한 감정을 느꼈다고 한다.

2009년부터 지금까지 김영부 씨는 자기가 태어난 부산에서 살고 있다. 그는 부산에 살면서 친부모님을 애타게 찾고 있지만, 아직까지 친부모님을 찾을 수 없었다. 김영부 씨는 친부모님이 어디엔가 살아 있다는 생각을 한다. 더 늙기 전에 부모님을 찾지 않으면 훗날 후회할 것이 분명하기에 지금 열심히 친부모님을 찾고 있다.

그가 서울이 아닌 부산에 살고 있는 이유도 부산의 한 길거리에서 혹시나 친부모님과 마주할 날이 있을까 막연하게 기대하고 있기 때문이다. 그는 친부모님이 잘 있는지, 건강한지 너무 궁금하다.

다음은 김영부 씨의 호소를 옮긴 것이다.

한국은 이제 가난한 나라가 아니기 때문에 한국 정부는 아이들이 친부모님과 함께 자랄 수 있도록 입양 정책을 바꿔야 합니다. 한국은 미혼모에 대한 복지 정책이 너무 열악합니다. 미혼모가 직장과 자녀 양육을 병행할 수 있도록 다른 모든 선진국들처럼 한국의 복지 정책은 더욱 강화돼야 합니다. 한국인들은 미혼모에 대한 차별과 편견을 하루 속히 버려야 합니다.

기록도 없는 한국인 아버지 찾기

캐나다 입양인 상호운 씨

1988년 5월 5일 아침 6시 16분 서울 영등포 기독병원에서 한 아기가 태어났다. 아기는 태어날 때 손목과 발목이 약간 휘어져 있었다. 당시 친모 나이는 23세로 추정되고 양수 파열로 아기를 조산해 제왕절개 수술을 받았다. 친모는 제왕절개수술 도중 위독해져서 결국 생명의 끈을 놓아야 했다.

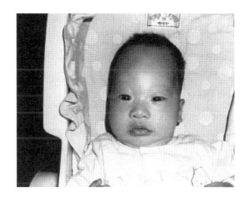

친부와 할아버지는 갓 태어난 아기의 친권을 포기하고, 아무런 신상정보도 남기지 않은 채 병원을 떠났다. 그후 이 땅에 아무도 아는 사람이 없는 이 아기에게 한 사회복지사가 상호운이라는 이름을 지어주었다. 그리고 생후 7개월 만인 지난 1988년 12월 8일 한 추운 겨울날, 상호운 씨는 캐나다행 비행기에 실렸다.

상호운 씨의 양아버지는 캐나다의 한 학교버스 제조회사에서 엔지니어로 근무했고 양어머니는 간호조무사였다. 이들 양부모 손에 외아들로 자란 그는 초등학교 다닐 때 부모로부터 입양 사실을 전해 들었고, 동네 백인학교에 다니면서 자신이 다른 백인아이들과는 다르다는 것을 깨달았다.

그도 다른 해외입양인들과 마찬가지로 어김없이 사춘기 때 자신의 정체성에 혼란이 있었다. 정체성 혼란과 함께 상호운 씨는 백인 아이들만 있는 학교에서 심한 소외감을 느꼈다. 방과 후 집에 돌아와서도 그는 양부모에게 자신의 외로움을 함께 나눌 수 없어서 그의 소외감은 더욱 깊어졌다. 양부모님은 아주 친절한 분들이었지만, 백인 아이들만 있는 학교에서 유일한 유색인종 학생인 자신이 느끼는 소외감을 이해하시기가 어려우셨던 것 같다고 상호운 씨는 당시의 심정을 전했다. 그는 밴드 연주활동을 하며 자신의 정체성 혼란과 소외감을 극복하고자 노력했다.

고등학교를 졸업하고 캐나다 브리티시 콜롬비아에 있는 빅토리아 음대에 진학하게 된 상호운 씨는 클래식 기타를 전공했다. 그 후 수시로 클래식 기타를 포함한 다양한 음악공연을 했다.

한편, 생후 7개월 이후 한 번도 가본 적이 없는 모국을 알기 위해 그는 한국어를 배우고 한인교회를 나가는 등 노력했다. 그러나 이것만으로 상호운 씨는 모국과 친부를 보고 싶은 뜨거운 갈증을 해소할 수 없었다.

그래서 마침내 지난 2008년 12월, 떠난 지 20년 만에 처음으로 그는 친부를 찾기 위해 1주일간 한국을 방문했다. 하지만 도저히 친부를 찾을 수가 없었다. 캐나다로 돌아갔지만 친부를 찾고 싶어 상호운 씨는 일도 잘 잡히지 않았다. 다양한 음악공연을 하여 다시 돈을 모은 후 지난 2010년 5월부터 8월까지 약 3개월간 한국을 두 번째로 방문하여 친부 찾기를 시도했다. 하지만 안타깝게도 친부에 대한 아무런 기록을 찾을 수 없었다. 다시 캐나다로 돌아 간 상호운 씨는 지난 2012년 2월 좀 더 장기적으로 친부를 찾기 위해 다시 3번째로 한국을 찾았고, 지금까지 대구에서 살면서 친부와 친할아버지를 찾고 있다.

상호운 씨는 대학에서 클래식기타를 전공했고 캐나다에서 공연도 수백 번 했다. 하지만 지난 2012년 이래 본격적으로 친부를 찾기 위해 음악을 접고 대구에서 영어를 가르치며 생활하고 있다.

다음은 상호운 씨가 친아버지에게 보내는 편지다.

어머니가 저를 낳다가 세상을 떠나셨기 때문에 아버지도 입양을 택할 수밖에 없었을 것입니다. 이제는 모든 상황을 이해할 수 있습니다. 저는 왜 나를 버렸느냐고 아버지를 원망하기 위해서가 아니라 제 뿌리를 알고 싶어서 아버님을 찾는 것입니다. 기회가 된다면 아버지와 할아버지를 꼭 만나고 싶습니다.

1973년 겨울에 동교동 길가에 버려진 아이

덴마크 입양인 라이브 음악 프로듀서 김소피 씨

김소피 씨는 1973년 1월 8일 오후 9시 서울 동교동 5-21번지 길가에서 발견되었다. 그리고 그날은 그녀의 생일로 기록된다. 입양 전 소피 씨는 영양실조에 걸려있었고, 때문에 홀트 병원에 얼마간 입원해 있었다. 그녀 왼쪽 엉덩이에는 길이 2cm 깊이 1cm의 흉터가 있다. 그리고 생후 18개월째인 1974년 9월 28일 그녀는 홀트를 통해 덴마크로 입양되었다. 소피 씨는 자기가 어떻게 해서 덴마크로 입양갔는지 전혀 모른다. 다만 친모가 미혼모나 가난한 여성으로서 생활고와 미혼모에 대한 사회적 차별 때문에 자신의 양육을 포기할 수밖에 없었을 것으로 추정할 뿐이다.

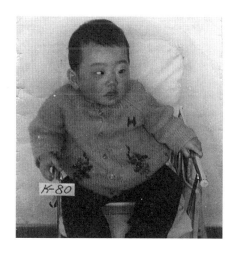

덴마크에서 입양인으로 자라면서 소피 씨가 직면했던 가장 어려웠던 일은 나는 누구인가라는 정체성, 내가 속한 나라는 어디인가라는 소속감, 그리고 부모로부터 아이들이 떨어졌을 때 느끼는 분리불안이었다. 그녀는 입양부모의 지원과 주위 친구들 덕에 이런 혼돈을 그나마 큰 탈 없이 극복할 수 있었다.

소피 씨가 9세 때 덴마크 가족이 호주의 아들레이드로 이민을 갔다. 그녀가 타향살이에 또 다른 타향살이를 그나마 견딜 수 있었던 것은 덴마크 입양부모님과 아주

화목한 관계를 유지할 수 있었기 때문이었다. 입양부모는 소피 씨를 입양한 후 딸 둘을 낳았고, 그녀는 여동생 둘과 지금까지도 다정다감한 사이를 유지하고 있다.

청소년기 혼돈 극복하게 해준 음악, 이제는 직업으로

소피 씨 직업은 라이브 음악 프로듀서이며, 론에스키모(Loneeskimo)프로덕션이라는 음악회사를 차린 어엿한 사장님이다. 11년 전부터 호주의 인디 밴드와 락밴드들과 함께 일하며 라이브 뮤직 제작과 뮤직 라이센싱에 관계된 일을 하고 있다. 특별히 최근에는 한국과도 교류하며 호주 락밴드들을 한국에 소개하기도 했다.

음악적인 성공에도 소피 씨는 한시도 자기를 낳아준 친부모가 누구인지 그 궁금증을 잊은 적이 없다. 그래서 지난 9년 동안 소피 씨는 오직 친부모를 찾기 위해 자기 모국인 우리나라를 무려 여섯 번이나 방문했다. 하지만 아직까지 꿈에 그리던 친부모를 찾을 수 없었다.

아래는 소피 씨가 부모님께 보내는 편지다.

부모님! 저는 당신들을 무조건 용서합니다. 부모님이 저를 1973년 1월 8일 겨울 밤 동교동 5-21번지 길가에 두고 간 것은 제 삶이 조금 이라도 나아지기를 바라는 사랑과 친절 때문이었을 것이라고 생각합니다. 그리고 그런 부모님의 염원처럼 저는 지금 행복한 음악가로 어엿하게 살고 있습니다.

그러나 또한 제 마음 한편에는 지금까지 무엇으로도 채워지지 않는 허전한 공허감, 불안감, 그리고 버림받은 느낌이 남아 있습니다. 제가 부모님을 만나는 그날이 오면, 제 공허감은 충만함으로, 불안감은 안정감으로, 버림받은 느낌은 따스함으로 채워질 것으로 확신합니다. 그리고 그 날이 올 때 까지, 저를 이 세상에 낳아주신 너무도 그리워하는 당신들을 찾아서, 저는 한국을 계속해서 방문할 것입니다.

당신의 딸 김소피 올림

저를 포기할 수밖에 없었던 부모님, 이해해요

노르웨이 입양인 오영실 씨

노르웨이 입양인인 오영실 씨는 1982년 1월 13일 새벽 2시 22분 한국에서 태어났다. 그러나 생후 1주일 만에, 미혼모인 친모는 영실 씨를 고아원에 보냈다. 기록에 의하면 당시 그녀 친모는 초등학교를 졸업한 21세로 공장에서 일하고 있었고, 친부는 고등학교를 졸업한 22세였으나 영실 씨를 양육할 형편이 안 되었다.

그래서 생후 1주일 만에 고아원에 들어가게된 영실 씨는 곧 노르웨이의 가정에 입양되었다. 그로부터 30년 후인 2012년 6월, 영실 씨는 자기가 태어난 곳, 애증이 섞인 모국을 무작정 방문했다.

영실 씨는 키가 훤칠하게 컸다(173cm). 기록에 따르면 그녀 친부도 상당히 키가 컸다고 한다. 그러나 영실 씨가 친부모에 대해 아는 것은 이것이 전부다. 친부모의 고향이 어디인지 지금은 어디에 사는지 등에 대하여 영실 씨는 전혀 아는 것이 없다. 백인 부모에게 입양된 다른 해외입양인들과 마찬가지로 영실 씨는 동네에서 유일한 유색인종 아이로서 자라면서 학교 급우들로부터 다른 피부색과 외모 때문에 많은 놀림을 받았다. 영실 씨에 대한 급우들의 따돌림은 십대 때가 최악이었다. 그래서 그녀의 10대 시절 추억은 그리 좋지 않다.

영실 씨 양부모는 지금은 은퇴했지만 두 분 다 그녀가 다니던 초등학교의 교사였다. 양부모에게는 친자녀가 없었다, 그래서 영실 씨보다 나이가 몇 살 많은 남자아이도 입양해서 영실 씨는 입양인 오빠와 함께 자랐다. 그러나 영실 씨와 입양 오빠와의 사이는 그저 그렇다. 1년에 한 번 정도만 크리스마스에 그녀는 입양오빠를 양부모 집에서 만난다.

영실 씨는 노르웨이 한 대학교에서 재정경제학을 공부했고 지난 2005년 졸업했다. 어려서부터 양부모로부터 자신이 한국으로부터 해외입양되었다는 말을 귀에 못이 박히게 듣고 자란 영실 씨는 어려서부터 항상 언젠가는 꼭 자기가 태어난 한국이라는 나라에 가보고 싶었다. 그러다 휴가를 내서 그토록 그리던 한국을 무작정 방문한 것이다.

아래는 영실 씨가 친부모님께 보내는 편지다.

친부모님을 미워하지 않아요. 친부모님이 당시 결혼도 하지 않은 상태에서 저를 포기할 수밖에 없었던 상황을 이해해요. 그러니 친부모님은 죄의식을 느끼지 않으셔도 되요. 저는 단지 지난 30년간 늘 상상 속에서만 그리던 친부모님 모습을 직접 보고 싶을 뿐이에요. 또 친부모님에게 이제는 한 여성으로 성장한 제 모습을 보여 드리고 싶을 뿐입니다.

경기도에 사는 36년생 양씨 엄마를 찾습니다

노르웨이로 입양된 이문영 씨의 친모 찾기

이문영 씨는 1975년 10월 11일 대구에서 출생한 것으로 추정된다. 문영 씨는 오른쪽 손목에 점이 하나 있다. 태어난 지 1년 후인 1977년 초, 친부모가 문영 씨를 대구에 있던 홀트 지부(CAPOK)로 보냈고, 1977년 2월 22일자로 해외입양을 위한 '고아호적'이 만들어진 후 곧 노르웨이로 입양됐다.

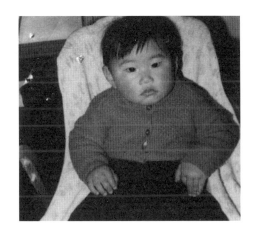

노르웨이의 가정에 입양된 지 30년 만인 지난 2005년, 문영 씨는 관광객으로 한국을 방문했다. 그리고 그 후부터 지금까지 총 4번 한국을 찾았다. 문영 씨는 합정동에 있는 홀트를 방문하여 자신의 친부는 '이씨'이며 1934년생이고, 지난 2006년 11월 26일 돌아가셨다는 소식을 들었다.

홀트담당자는 문영 씨에게 친모는 양씨이며 1936년 생으로 현재 경기도에 생존해 계시다고 전했다. 문영 씨는 너무 흥분하여 홀트담당자에게 생존해 있는 친모의 이름과 연락처를 알려달라고 요청했다. 그러나 홀트담당자는 친모에게 '전보'로 그런 요청을 했지만 아직 답장이 없어서 친모에 대한 개인정보를 줄 수 없다고 답변했다. 이문영 씨가 친모를 만나기 위해 할 수 있는 일은 아무 것도 없었다.

지난 2008년 유럽연합의회는 아동인권선언문을 통해 "아동이 자기의 부모를 알 권리는 어떤 경우에도 박탈당해서는 안 된다"라고 명시했다. 우리는 흔히 '세계 속의 한국', 혹은 '글로벌 스탠다드'라는 말을 자주한다. 이 말은 우리나라도 이제 국제사회의 주요일원이기에 국제적 눈높이가 중요하다는 말이다. 이 말은 또 우리의 인권수준, 특히 아동인권수준도 국제적 눈높이에 가까워야 한다는 말이다. 하지만 우리의 인권수준은 너무나 갈 길이 멀다는 생각이 든다.

다음은 문영 씨가 친모에게 보내는 편지다.

엄마, 전 건강하게 잘 있어요. 전 엄마를 잊지 않았어요. 제게 생명을 주신 고마운 엄마를 어떻게 잊겠어요. 엄마와 헤어진 지 어느덧 38년, 너무 오래되었네요. 미안해요. 제가 너무 늦게 엄마를 찾아와서. 전 그동안 아무에게도 말을 안했지만 항상 엄마를 그리워했어요. 꼭 만나 뵙고 싶네요. 제발 건강하셔야 해요. 경기도에 살아계신다니 엄마가 너무 보고 싶어서 견딜 수가 없네요. 그런데 어떡해요. 엄마 연락처를 받을 수가 없어요.

창신동에 버려진 아이가 부모를 찾습니다

캐나다 입양인 이승훈 씨

이승훈 씨는 1984년 6월 초 서울시 종로구 창신동에서 며칠 만에 발견되었다. 발견자는 미아동에 살고 있는 18세의 한 여성이었고, 발견 당시 이승훈 씨는 아무것도 입지 않은 채 포대기에 쌓여있는 신생아였다.

한국입양인이 **부모님과 가족들을 찾습니다.**

• 1984년 6월 15일생으로 추정, 대한복지원을 통해 캐나다로 입양됨.

신원을 알 수 없는 미아동의 이 여성은 승훈 씨를 자신이 사는 지역인 미아동의 한 파출소로 안고 갔다. 승훈 씨는 미아동에 있는 아동보호센터 입양시스템에 등록되었고, 그로부터 9개월 후인 1985년 3월, 캐나다로 해외입양되어 비행기에 실렸다. 이후 캐나다에서 성장한 승훈 씨는 지난 2012년, 입양된 지 27년만에 처음 한국으로 돌아왔다.

한국에 온 승훈 씨는 자기를 낳아준 친부모님을 찾고자, 28년 전 자신이 있었던 서울 미아동의 아동보호센터와 다른 입양 기관들을 수차례 방문했다. 하지만 친부모님에 대한 단서를 거의 찾지 못해, 실망한 채 입양기관을 떠나야 했다. 수차례 찾아갔음에도 입양기관에서는 친부모에 대한 정보를 하나도 제공해주지 않았다고 한다. 그러나 승훈 씨는 친부모 찾기를 포기할 수 없었다. 승훈 씨는 지금 대전에 살면서 자신을 낳아준 친부모님을 계속해서 찾고 있다.

다음은 승훈 씨의 전언이다.

한국에서 일하면서 지난해 1년과 올해 1년 동안 친부모를 찾기 위해 전국 구석구석 안 다녀본 곳이 없습니다. 그렇지만 친부모님을 아직도 찾을 수 없군요.

저는 지난 2년간 친부모를 찾기 위해 온갖 수단을 썼습니다. 눈이 오나 비가 오나 길거리에 8시간 이상 서서 전단지를 뿌린 적도 있습니다. 그러나 다 소용이 없더군요. 그래서 이제는 최후 수단으로 언론을 통해서 친부모님을 찾고 싶습니다. 친부모님이 제발 살아계셨으면 좋겠습니다.

민전식 씨와 김봉화 씨를 찾습니다

스웨덴 입양인 민들레 씨

　마리아 위클룬드 씨는 한국계 스웨덴 입양인이다. 그녀 한국이름은 민들레. 그녀는 1982년 1월 17일 15시 45분 충북충주 서울병원에서 태어났다. 출생당시 키는 49cm, 체중은 3.5kg. 친부의 이름은 민전식 씨로 당시 33세, 친모는 김봉화 씨로 당시 30세였고 위로 언니 셋이 있었다.

　민들레 씨가 고아 신분이 된 이유는 당시 이미 딸 셋이 있고 손자를 절박하게 기대하고 있던 친할아버지 집안에서 원하지 않던 손녀가 태어났기 때문이었다.

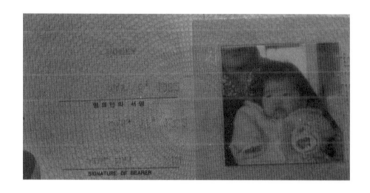

　친모 김봉화 씨는 1982년 충주 서울병원에서 민들레 씨를 출산한 후 병원을 떠나야 했다. 그래서 출생 후 하루가 지난 1982년 1월 18일, 충주 서울병원은 대한사회복지회로 연락하여 민들레 씨는 시설로 옮겨졌다. 시설에서 1982년 2월 8일까지 머물렀고 그 후 서울의 한 위탁가정으로 보내졌다. 당시 위탁모의 이름은 방정순 씨로 56세였고, 그녀 남편은 64세로 몇 명의 자녀들이 있었다. '민들레'라는 이름은 당시 위탁모가 지어준 이름이다. 그 후 1982년 5월 20일 그녀는 입양되어 스웨덴으로 보내졌다.

　지금 민들레 씨는 스웨덴 대학원에서 교육학 박사과정을 연구하고 있다. 민들레 씨는 어려서부터 스웨덴 생활에 적응을 잘하여 자신의 뿌리인 한국에 관하여 별로 관심이 없었다. 그런데 최근에 자신의 10살짜리 딸아이가 K-POP 음악을 혼자 듣고 자신에게 하루 종일 한국에 대해 이야기 하는 것을 들으면서 한국에 관심을 갖게 되었다.

그러다가 세월호 참사에 관한 기사가 스웨덴 언론에 연일 보도되면서 민씨는 한국에 대해 궁금증을 갖게 되었다. 특별히 세월호에서 구출된 어린 권지연 양의 사진을 스웨덴 신문에서 보는 순간 민씨는 권양의 얼굴이 자신의 막내딸과 너무나 닮은 것에 충격을 받았다.

이 일을 계기로 민씨는 자신의 뿌리와 한국 친부모를 다시 생각하게 되었다. 민씨는 극소수의 해외입양인들만이 지금까지 친부모를 찾을 수 있었던 것을 알지만 32년이 흐른 지금이라도 한국의 친부모, 민전식 씨와 김봉화 씨를 찾고 싶어한다.

부모님! 전 스웨덴에서 잘 살고 있어요. 엄마의 손녀딸이 둘이나 지금 스웨덴에 있어요. 손녀 딸 얼굴도 보여 드리고 싶어요. 저에 대해 걱정하지 마세요. 전 좋은 입양부모님과 행복한 어린 시절을 보냈어요.

저를 낳아 주셔서 감사합니다. 제가 걱정하는 것은 한국 어머님 뿐이에요. 저를 강제로 입양 보내시느라 얼마나 힘드셨겠어요. 저도 지금 엄마로서 당시 엄마의 참담한 심정을 이해합니다. 특히 당시 한국에서 시아버지 뜻에 복종하여 제 양육을 포기하시느라 얼마나 힘 드셨겠어요.

부모님과 함께 언니들도 만나고 싶습니다. 그리고 만약 지금도 살아계신다면 제 한국이름을 지어주신 위탁모 방정순 선생님도 만나 뵙고 싶네요.

미국서 잘 나가던 이 남자, 왜 제천에 갈까

친어머니 찾기 위해 귀국한 백시철 씨

백시철 씨는 태어난 날이 3개다. 1972년 1월 5일, 1972년 2월 16일, 혹은 1973년 1월 5일. 이 셋 중 어느 날이 백 씨가 이 세상에 태어난 날인지는 지금도 불확실하다. 그나마 다행스러운 것은 그가 충북 제천에서 태어난 것으로 추정된다는 것이다. 기록에 따르면 1976년 2월경 제천 신월동 부근 길에서 울고 있던 그를 제천읍사무소 직원이 발견하였다. 그 후 백 씨는 위탁가정을 거쳐 지난 1976년 3월 5일 제천영아원에 입소했다.

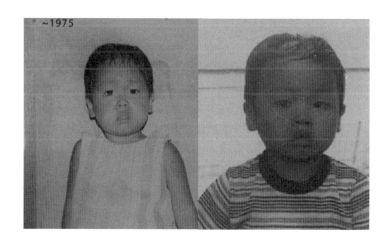

입소 당시 그의 몸은 큰 편이었고, 제천영아원에서 그의 이름을 '백시철(白詩哲)'로 지어 주었다. 백 씨는 자신의 성 '백'은 당시 영아원에서 만들어 준 것이며 원래 이름은 '시철' 혹은 '희철'이었을 것으로 추정한다.

당시 그가 길을 잃어서 실종된 것인지 아니면 친부모가 양육을 포기하고 자신을 유기한 것인지 여부는 아직도 불확실하다. 하여간 제천영아원에서 그는 노래를 잘 했다고 한다. 그래서 그런지 지금도 그는 피아노와 기타를 치면서 노래를 잘한다. 제천영아원에서 지내던 백 씨는 5살 때인 1977년 7월 15일 홀트아동복지회를 통해 미국의 중산층 백인가정으로 입양되어 한국을 떠났다.

그 후 백 씨는 미국 대학교에서 컴퓨터 IT분야를 전공하고 졸업 후에 좋은 직장도 가졌다. 그래서 그는 물질적으로는 아메리칸 드림을 이룬 성공한 한국계 미국 입양인이 되었다. 그러나 마음 한구석에는 항상 알 수 없는 깊은 공허감이 있었다.

　그러다 지난 2013년 가을, 그는 문득 40세가 넘은 자신의 모습을 발견한다. 그리고 36년 동안 잊고 살았던 한국이라는 나라가 갑자기 그리워졌고, 휴가를 내고 한국을 방문했다. 한국에서 백 씨는 많은 해외입양인들을 만났다. 그들 중에는 친부모와 재회한 사람들도 있었다.

　이때 그의 머리를 번개처럼 스치고 지나간 생각은 더 늦기 전에 친부모님을 꼭 찾아야겠다는 것이었다. 그래서 휴가를 마치고 미국으로 돌아오자마자 백 씨는 잘 다니고 수입이 좋았던 IT 관련 직장에 미련 없이 사표를 썼다. 그리고 집과 살림도 정리하자마자 곧 한국행 편도 비행기 표를 끊었다.

　한국에 돌아온 백 씨는 제천에서 살며 친부모를 찾고 있다. 자신의 어린 시절 사진과 친부모님을 찾는 사연을 담은 유인물과 포스터를 제천의 거리에서 행인들에게 배포하기도 하였다. 그는 자신이 미국의 좋은 입양부모를 만나서 대학도 나오고 좋은 직장도 다니면서 돈도 많이 벌게 된 것을 행운으로 여긴다고 했다. 그러나 백 씨는 인생의 가장 큰 행운은 친모와 같이 살 수 있는 것이 아니냐고 묻는다.

　다음은 그가 친부모님께 보내는 편지이다.

엄마, 제가 한국에 돌아왔어요. 엄마의 얼굴을 잊어 버렸지만 아직도 엄마를 사랑하는 마음을 갖고 있어요. 엄마가 만약에 저를 아직 기억하시면 연락해 주세요. 한 번 같이 식사 하면 어떠세요? 엄마, 우리가 만날 때까지 건강하세요.

1973년 영등포서 발견된 맨발 빨간바지 소녀

뿌리 찾는 게 삶의 목적이라는 김영희 씨

김영희 씨는 지난 1973년 10월 26일 서울 영등포경찰서에 맡겨졌다. 당시 그는 맨발에 빨간색 바지를 입었고, 걸을 수 있었으며 치아가 몇 개 있었고, 명확하게 말을 하지는 못했지만 남이 하는 말을 알아듣고 자기 자신을 잘 표현할 수 있었다. 1971년생으로 추정되던 그는 1973년 10월 29일, 미아보호서에서 '김영희'라는 이름과 생년월일을 부여받았다.

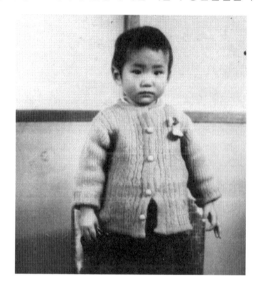

그 다음 날인 1973년 10월 30일, 사회복지협회는 김영희 씨를 해외입양 보내기로 결정했다. 그 후 1973년 11월 15일에서 26일까지, 11일간 그는 삼육의료원에서 폐렴으로 치료를 받았다. 그리고 다음 해인 1974년 8월 29일 그는 미국으로 해외입양되었다.

김영희 씨는 근시이며 오른손잡이로 두 번째 발가락이 엄지발가락보다 긴 편이다. 혈액형은 O형이고 귓불이 다소 붙어있고, 귀가 좀 큰 편이다. 또한 뾰족한 턱에, 높은 광대뼈와 턱의 선이 나뉘어 있다. 그는 이마의 상단 중앙쯤 작은 가르마가 있고 뒷골은 약간 돌출돼 만질 수 있는 편이다. 김 씨는 언제 다쳤는지는 모르지만, 무릎에 약 1cm 정도 되는 작은 흉터가 오래 전부터 있었다. 1973년 10월 26일 서울 영등포경찰서 앞에서 발견됐을 당시 길을 잃었던 것인지, 동행하는 사람과 떨어져 헤맸던 것인지, 유괴 또는 유기됐던 것인지 여부는 모두 불확실하다.

다음은 김영희 씨와의 대화를 요약한 글이다.

갈증이 가시지 않습니다

제 과거가 무척 궁금합니다. 제 과거를 제대로 알지 못하고서는 제대로 살 수 없습니다. 한 인간이 자신의 친부모, 모국, 원래 문화와 단절되는 것은 너무나 고통스러운 일입니다.

만약 친부모님이 저를 의도적으로 유기한 것이 아니라면, 얼마나 안타깝고 비극적인 일인가요? 그렇다면 지난 40년간 제가 친부모님과 친형제들을 애타게 찾고 그리워하듯이, 친부모님과 친형제들도 저를 얼마나 애타게 찾고 있을까요. 이런 것을 생각하면 지금도 가슴이 뛰며 잠이 안 오고 우울해집니다.

제 마음속에는 항상 버림받은 한 소녀가 웅크리고 앉아 있습니다. 불현듯 제 친부모님 중 한 분 혹은 두 분이 돌아가셨을 수도 있겠다는 생각을 할 때도 있습니다. 그런 생각이 들 때는 마음이 허탈해지고 공허감이 생깁니다.

저는 부모님 또는 어머님의 과거에 상처나 부담을 드리고 싶은 마음이 전혀 없습니다. 단지 저의 과거를 알고 싶을 뿐입니다. 저는 한국에서 싱글맘으로 산다는 것은 지금도 물론이거니와 1971년경에는 엄청난 사회적 낙인이라는 것을 잘 알고 있습니다. 그리고 어머니의 과거사로 인해 지금 현재 어머니가 가진 모든 것을 전부 잃을 가능성이 있다는 것도 잘 알고 있습니다.

저도 이제 1남 1녀의 엄마입니다. 어머님이 제 아이들을 만나서 한국의 가족과 전통 유산을 알려주신다면 무척 좋겠습니다. 어머니께 저와의 재회를 강요할 마음 역시 추호도 없습니다. 단지 제가 잘 있고 어머니를 전혀 미워하지 않는다는 것을 알아주시면 좋겠습니다. 또 부모님이나 제 형제자매들이 혹시 저를 보고 싶다면, 언제든지 망설이지 마시고 연락해 주십시오. 항상 기다리고 있습니다.

3_그래서, 어떻게 해야하나

돈 받고 보낸 아이가 쫓겨났어요

시민권 없는 입양인 문제 해결에 나선 엘리나 킴·한나 요한슨

우리는 대한민국 정부에 요구한다.

- 미혼모와 아동들에 대한 지원에 우선순위를 둘 것
- 보편적 출생등록제도 이행
- 포괄적 차별금지법의 통과
- 차별 반대 캠페인의 실행
- 비혼모와 아동들에 대한 차별의 불법화 등을 촉구한다.

먼저 한국 정부는 미국 정부가 한국계 입양인들에게 시민권을 부여하기 전까지는 미국으로 결코 해외입양을 보내서는 안 된다. 한국 정부는 이런 문제점을 알고 있으면서도, 계속 미국으로 해외입양을 보내고 있다. 따라서 한국 정부도 미국에서 추방된 한국계 입양인들의 문제에서 결코 자유로울 수 없다.

선언문에서도 밝혔지만, 사설입양기관들에 대한 감사와 사업허가 재검토, 시민권 취득 실패를 해결할 수 있는 입양사후서비스 시스템을 즉각 실행해야 한다. 특히 입양인이 자신과 관련한 입양기록을 볼 수 있는 권리가 주어져야 한다. 자신이 어떤 경위로 한국에서 해외로 입양 보내졌는지를 알 수 있는 권리가 현행법에서는 보장돼있지 않다.

해외입양인들 기록의 불일치 문제도 하루속히 해결되어야 한다. 한국 정부가 스웨덴 정부와 협의해야 한다. 나는 어려서 스웨덴으로 해외입양 되었다. 그런데 내 한국 호적에는 출생지가 한양으로 기록돼있는 반면, 한국과 스웨덴의 입양서류에는 출생지가 불명으로 표기됐다. 출생기록의 불일치로 인해 스웨덴에서 미국으로 출장이나 휴가를 갈 때 항상 많은 고역을 치렀고, 심지어 비자가 거절된 적도 있다. 내가 아는 한국계 스웨덴 입양인들 중에도 한국 호적에는 출생지가 목포와 부산으로 돼있지만 스웨덴 입양서류에는 불명으로 기록된 경우도 있다. 또 한 해외입양인은 한국 호적에 출생지가 광주로 기록됐지만, 스웨덴 입양서류에는 출생지가 서울로 기록됐다고 한다. 이같은 기록의 불일치는 입양기관이 해외입양인들에 관한 기록을 얼마나 성의 없이 다루고 있는가를 보여주는 단면이다.

95% 이상이 비혼모 자녀

한국 정부는 사설입양기관을 관리·감독할 책임과 의무를 방기했다. 그 결과 한국전쟁 후 1년간 250명 정도의 입양아들이 해외로 보내진 반면, 1970~1980년대에는 1년에 몇 천 명 이상의 아동이 해외입양되는 급격한 입양의 산업화가 이뤄졌다. 특히 전두환 정권기인 1980년대는 막대한 달러 수수료를 받고 1년에 8천 명 이상의 아동이 해외입양 되기도 했다.

그래서 우리는 산업화된 해외입양제도를 반대하는 것이다. 물론 해외입양이 아동의 권익을 위해 최선인 경우도 있을 수 있다. 예를 들면, 미국에 있는 친척이 한국 아동의 입양을 원하는 경우가 있을 수 있다. 또 중병에 걸린 아동이 해외에서 더 나은 치료를 받을 수 있는 경우, 또 입양부모가 그 막대한 의료비를 감당할 형편이 되는 경우에는 해외입양이 가능할 수도 있을 것이다.

그러나 한국의 경우 95% 이상의 해외입양아들은 비혼모의 자녀들이다. 이것은 정부가 비혼모 자녀 지원에 지극히 인색하다는 것이고, 한국 사회가 비혼모와 자녀들에게 낙인을 찍고 차별한다는 방증이다.

한국 정부는 경제력과 국제적 위상에 맞게 비혼모와 자녀들을 적극적으로 지원하고 이들에 대한 차별을 금지할 수 있는 법적·제도적 조치를 조속히 마련해야 한다. 그러면 한국의 비혼모들도 다른 선진국들처럼 사랑하는 자녀들과 헤어지거나 사회에서 차별받는 일 없이 당당하게 함께 살 수 있을 것이다.

왜 입양인 강제 추방 문제에 소극적으로 대응하는가

해외입양인 입장에서 느끼는 것은, 한국 정부는 비혼모 자녀나 가난한 집 아동들을 그저 골칫거리, 사회에서 제거해야 할 대상으로 생각하는 듯하다. 그리고 그냥 제거하는 대신 해외에 아동을 판매해 외화를 벌어들이니 일거양득으로 보는 것 같다.

미국은 유럽과 다르게 사회적 문제에 정부가 최소한만 간섭하는 전통이 있다. 그래서 미국 정부도 입양은 정부가 간섭할 필요가 없는, 그저 개인의 사적인 문제로 보고, 입양 아동은 마치 구매된 상품처럼 한동안 사용하다가 용도가 다되면 폐기해 버리는 소비재로 여기는 것 같다.

그러나 사람은 결코 상품이 아니다. 세계 최고의 민주주의를 이야기하는 미국인들이 이 가장 초보적인 사실을 깨우쳤으면 좋겠다. 아동을 어려서 해외입양한 후 시민권을 안 주는 것은 말이 안 된다. 많은 해외입양인들도 이 문제에 대해 잘 모르는데, 이것 역시 너무 부끄러운 일이다.

한국인들이 이제라도 자신들이 낳은 아동을 해외에 돈을 받고 판매하지 않고, 책임지고 양육하는 성숙한 민족이 되길 기대한다. 그러나 지금처럼 비혼모와 자녀들을 차별하고 낙인찍은 한국 정부와 사회를 볼 때 과연 그날이 언제나 올까 하는 의구심이 든다. 제발 내 모국 한국인들이 부끄러움을 알았으면 좋겠다. 어려서는 아동을 해외에 팔았고, 성인이 된 아동이 강제 추방돼 돌아왔는데, 그것을 전혀 모르는 척하는 내 모국, 너무 부끄럽다.

해외입양인들의 인권문제에 대한 캠페인을 하면서 가장 어려웠던 경험은

가장 큰 문제는 현재 미국 시민권이 없는 약 2만 명의 한국계 입양인들에게 도움의 손길을 주려고 해도 주기가 어렵다는 것이다. 특히 시민권 없는 입양인들은 불법체류자 신분으로 경제적으로 어렵게 살고 있다. 강제추방될까봐 두려워서 자신의 신분을 노출하지 않고 마치 하루살이 처럼 지낸다.

불행한 것은 이미 미국시민권이 있는 다수 해외입양인들조차 시민권이 없는 해외입양인들 문제에 별 관심이 없다는 것이다. 나는 한국과 미국의 정치인들이 미국시민권이 없는 해외입양인들의 문제에 더 깊은 관심을 갖고 이런 모순이 해결되도록 적극 노력해 주기를 바란다.

그러나 불행하게도 지금 한국과 미국의 정치인들은 물론, 아동들을 무책임하게 해외입양 보냈던 입양기관들조차 시민권이 없는 입양인 문제에 별로 관심이 없는 것 같다. 더욱이 한국의 국민 다수도 이러한 믿을 수 없는 상황에 관심이 없거나 전혀 모르는 것 같아 더욱 가슴이 아프고 답답하다.

그런 면에서 나는 한국의 중앙입양원이 이런 말도 안 되는 모순을 해결하기 위해 더 많은 노력과 역할을 해 주기를 기대한다. 지금 이 순간에도 시민권이 없는 입양인들이 미국에서 한국으로 강제추방 되거나 강제추방 될 위기에 놓여있다는 것을 꼭 기억해 주시길 요청 드린다.

진실만이 입양인을 치유할 수 있다

제인 정 트렌카 해외입양인모임 대표

인간은 내가 누구이고 어디서 왔나를 알고 싶어 하는 존재이고 알아야 할 권리가 있다. 다시 말해 인간은 역사적 존재라는 말이다. 입양인들의 정체성 찾기, 나의 뿌리 찾기는 그래서 그들의 당연한 권리이다.

아래는 제인 정 트렌카 해외입양인모임 대표와의 대화를 요약한 것이다.

TRACK의 역사와 역 할, 설립목적

TRACK은 입양인과 그 가족이 자신들의 입양과 관련한 과거와 현재 기록을 전부 알 수 있게 해주기 위해 만든 단체다. 인간은 자신의 뿌리에 대해 알 권리가 있고 이것은 인권의 문제다.

우리의 중장기적 목표는 한국정부가 입양인들을 위한 정부차원의 입양인 진실화해위원회(이하 진화위)를 설립하도록 발판을 놓는 데 있다. 진화위의 역할은 입양인들이 자신의 뿌리인 과거를 앎으로서 현재와 미래를 위해 좀 더 나은 환경을 만들도록 도움을 주는 것에 있다. 우리의 단기적 목표는 입양이 미혼모와 입양인에게 인간으로서 얼마나 지울 수 없는 아픔인지 한국 국민들에게 알리는 것이다. 한국의 경우 입양아의 90%는 미혼모 자녀.

한국이 심한 성차별국가라 아이를 해외로 입양보낸다

세계경제포럼은 4가지 범주로 각 나라의 여성차별 수준을 평가한다. 여성의 경제력과 경제기회, 교육율, 보건권과 생존권, 정치주도권. 2010년 남녀차별평가 보고서에서 한국은 134개국 중 104위를 했고 한국의 순위는 아랍에미리트와 쿠웨이트 사이였다. 1등은 아이슬랜드였다. 2009년 <뉴욕타임즈>는 66%의 아이슬랜드 자녀들이 결혼과 무관하게 태어난다고 보도했다.

북유럽 국가에선 남녀평등차원과 국가의 장래에 대한 투자라는 입장에서 아동과

엄마를 전적으로 지원한다. 엄마가 미혼모라고 해서 그 자녀를 그 엄마와 이별할 수밖에 없이 만드는 구조는 지상에서 없어져야 한다. 한 여성이 한 남성에게 속해 있어야만 한 아이가 태어날 수 있다는 생각은 아주 가부장적인 사고다. 한국사회는 미혼모에게 낙인을 찍는 사회다. 대부분 미혼모들은 남자(아빠)가 애를 돌보지 않고 책임을 회피하고 도망간 상황에서 혼자 아이를 힘겹게 키운다.

그런데 그런 엄마의 희생이나 책임의식이 오히려 한국사회에서는 지탄받고 낙인 찍힌다. 이러한 편견은 아동에게 정말 잔인하고 비인간적이다. 자기의 살이고 피인 자녀를 버린 아버지엔 대해선 별 문제 삼지 않고 그 아이를 어떡하든지 키워보려고 애쓰는 엄마를 오히려 이상한 눈으로 보는 사회는 극도의 가부장적 사회라고밖에 할 말이 없다.

생모를 처음 만났을 때

1988년부터 난 생모와 서신을 교환했다. 처음 2년 동안 생모는 날씨에 대해서만 이야기 했다. 그래서 1990년 나는 생모에게 선전포고를 했다. 나를 포기할 수밖에 없었던 이유를 말해주지 않으면 다시는 편지를 안 쓰겠다고. 다행히 생모는 아름답지 않은 그 이야기를 내게 다 털어놓았다. 그래서 1995년, 난 입양된 후 처음으로 한국에 왔다.

엄마는 2001년 암으로 돌아가셨다. 난 엄마와 정말 소중한 시간을 가졌다는 것을 지금 깨닫는다. 엄마는 항상 내 옆에 있을 것 같았다. 그래서 처음엔 엄마의 죽음이 실감이 나지 않았다. 그러나 시간이 갈수록 충격이 크다. 그래서 난 항상 다른 입양인들에게 말한다. 망설이거나 두 번 생각하지 말고 생모를 찾으라고. 생모가 돌아가시면 영원히 만날 수 없다고. 나는 다른 생부모에게도 같은 말을 하고 싶다. 지금 당신 자녀를 찾으세요. 아니면 영원히 못 찾는답니다.

해외입양아와 재회를 앞둔 한국가족에게 주고 싶은 조언

종종 친부모는 입양아에게 미안해하고 부끄러워한다. 그래서 변명같이 들릴까봐 당시 상황도 이야기 잘 안 해준다. 그러나 입양아는 자기가 입양된 이유와 친부모가 지금 어떤지 알 권리가 있다. 진실을 직면하기가 처음엔 힘들 것이다. 그러나 신뢰를 쌓기 위한 필수조건은 진실이다. 진실은 어떤 어려움도 극복한다. 입양아들은 자기 과거에 대한 진실에 목말라 있다. 또 해외입양아들이 자란 나라들도 대부분 감추는 것 보다는 공개하기를 권하는 문화를 가지고 있다. 이 점도 친부모가 배려해주면 좋을 것이다.

또 해외입양인들은 친부모를 만나기 위해 정말 노력을 많이 한다. 해외입양인들은 한국어를 배우고, 모든 돈과 시간을 써서 한국에 오고 한국문화를 이해하고자 노력한다. 그래서 친부모는 최소한 책임감을 갖고 늦게라도 입양 보낸 자식을 찾으려고 하면 좋겠다. 친부모는 입양 보낸 사실을 평생 감출 수 있을지 모른다. 그러나 입양인들은 살면서 하루도 안 빠지고 매순간 자기가 입양인인 것을 의식한다. 또한 입양인은 숨길 게 없다. 입양인의 잘못된 사회의 피해자다. 진실함만이 입양인의 상처를 치료 할 수 있다.

입양인은 결코 친부모를 나쁜 사람이라고 생각하지 않는다. 자기가 낳은 자식을 포기하고 싶은 부모는 아무도 없다. 입양 자체도 개인 혼자 할 수 있는 것이 아니다. 입양기관, 비자와 여권을 발행하는 정부가 함께 한다. 다른 말로 입양은 개인적 문제가 아니라 사회구조적 문제다. 친부모와 입양아는 잘못된 사회구조의 희생자로서 영원히 그 상처를 안고 산다.

해외입양, 왜 멈춰야 하는가

TRACK은 입양 자체를 반대하지는 않는다. 우리는 단지 현재 한국의 입양제도를 반대한다. 친척 입양은 찬성한다. 그러나 친척이 아닌 다른 입양은 투명하고 윤리적인 제도가 뒷받침 되어야한다. 그런데 뭐라고 위장을 하던 한국은 지금 돈을 받고 해외에 아기를 판매한다. 미혼모에 대한 사회복지가 결여된 탓이다.

입양이 인종이나 국가권력 문제가 아니라고 생각한다면 아무 미국입양기관에 메일을 보내서 난 한국인이고 건강한 미국 백인 아이를 입양하고 싶다고 해봐라. 어떤 답장을 받는지.

정신병자도 한국의 아동을 입양할 수 있다

정신병 입양부모에게 살해당한 현수

지난 2013년 이라크 참전군인 출신이자 미국 국토안보부 직원이었던 브라이언 오캘러핸은 한국 아동 현수(당시 3세)를 입양했다. 그러나 그로부터 불과 4개월 후인 지난 2014년 2월 현수는 양부인 오캘러핸의 구타로 욕실에서 살해되었다.

오캘러핸은 참전 후 정신질환을 앓아왔지만 자신의 정신 병력을 숨기며 한국 아동을 입양하고 살해했다. 어떻게 정신 질환을 앓는 사람이 아동을 입양할 수 있었을까.

지난 2016년 7월 19일 미국 법정은 최고 40년형까지 선고할 수 있는 현수군에 대한 1급 아동학대 치사에 대해 가해자인 오캘러핸에게 최저형인 12년형을 선고했다. 과거 수감기간을 형량에 더하도록 판결이 나왔는데, 오캘러핸은 과거 2년간 수감된 기록이 있다. 더구나 가해자의 정신질환을 이유로 가석방까지 가능하게 했다. 가석방은 형기의 3분의 1을 채운 뒤 혜택을 받을 수 있다. 이 말은 4년 뒤엔 석방도 가능하다는 판결인 셈이다.

다음 내용은, 미국에서 이 사안에 대해서 지속적인 관심을 가지고 지난 7월 19일 법정에도 다녀온 입양부모인 마지 퍼샤이드 씨와 대화 내용을 정리한 것이다.

정신병력을 숨긴 양부모

법정에서 오캘러핸은 자신은 정신 병력이 있고 그래서 약물을 복용해야 하지만 아동을 입양하는 절차에 약물 검사과정이 있어서 고의로 약물복용을 중단했다고 고백했다. 결국 그는 아동을 입양하기 위해 자신의 정신 병력을 은폐한 것이다. 현수를 입양한 후 그가 약물을 다시 복용했는지 정신과 치료를 계속 받았는지는 모른다. 다만 그가 현수를 살해한 것으로 봐서는 현수 입양 후 아마도 약물 복용이나 정신과 치료를 하지 않았을 것으로 짐작된다.

나도 입양모 입장에서 오캘러핸 부부를 아무리 이해하고 싶어도 정신 병력을 은폐하면서까지 현수를 입양한 것은 도저히 이해할 수 없다. 내 생각엔 남편의 정신 병력을 알면서도 그것을 은폐하며 현수를 입양한 그래서 죽음으로 몰고 간 제니퍼 오캘러핸에게도 책임이 있다고 본다.

그러나 내가 알기로 현수 살해사건에 대한 공범이라 할 수 있는 제니퍼는 아무런 처벌도 받지 않았고 기소도 안 되었다. 그녀가 지난 해 9월 미국법정에서 소환장을 받았고 한 달 후인 지난해 10월 법원과 합의를 했다는 것을 안다. 그래서 아마 법원 과 합의과정에서 그녀를 처벌하지 않기로 한 것인지 의구심이 든다.

현수를 돕는 자가 없었다

오캘러핸은 아내의 도움으로 정신 병력을 은폐하고 현수를 입양하여 결국 살해 했다. 그런 오캘러핸 부부에게 아예 처음부터 입양이 허락되어선 안 된다는 주장 에 동의한다.

물론 입양기관도 최소한 도의적 책임에서는 자유로울 수 없다. 현재는 제도적으 로 입양기관들의 입양사후관리가 거의 이루어지지 않는데 향후 철저하게 입양사 후관리가 이뤄지면 제2의 현수사건을 예방하는데 도움이 될 것으로 생각한다. 나 는 지금도 남편의 정신질환을 알면서도 현수를 입양했고 또 그런 남편에게 현수를 맡긴 제니퍼 오캘러핸의 정신 상태를 정말 이해할 수 없다.

또한 형량이 너무 낮은 것에 대해 실망감과 더불어 분노가 치밀었다. 오캘러핸 측 변호인단에게 판사가 지나칠 정도로 선처를 베푼 것 같아 심한 짜증과 불쾌감을 느 꼈다. 오캘러핸 변호인단은 그가 과거에 근무하던 국가안보국에서 제공해 주었다.

판사는 변호인단이 요구하는 모든 요청사항을 아무런 이의 없이 다 들어 주었다. 반면 오캘러핸을 기소한 검찰측 요청에 대해선 수시로 판사가 거부했다. 심지어 검 찰 측이 현수 시신을 부검한 의료진을 증인으로 요청했지만 판사가 이런 검찰 측 요청마저 거부했다.

입양 희망 부모들의 정신병력 등에 대해 입양기관은 물론 한국과 미국정부의 더 욱 철저한 사전조사와 교차 검증 작업이 있어야 한다고 생각한다. 나는 이 재판을 두 번 전부 참관했는데 법정에서 검사나 변호사가 미국 입양기관인 가톨릭채리티 의 입양사후관리 소홀 등 책임을 묻는 것을 한 번도 듣지 못했다.

입양관련 법이나 규정이 미국연방법에서 너무 느슨하게 다루어지고 있다고 생각한다. 아동입양을 생각하기 전에 미국과 한국정부는 먼저 가족이 헤어지지 않고 함께 살 수 있는 방안을 우선 강구해야 한다. 가족 간 생이별을 방지하기 위해서는 한부모에 대해 한국과 미국정부의 더욱 적극적인 지원이 필요하다.

현재 입양제도, 정책, 법은 당사자인 입양아동, 입양인, 친부모보다는 역설적이게도 오히려 입양부모에게 더 유리하고 편하게 되어 있다. 향후 입양과 관련한 제도, 정책, 법이 입양부모보다는 당사자인 입양아동, 입양인, 친부모들에게 더 유리하고 편하도록 바뀐다면 이번 사건과 같은 비극적인 사건을 줄일 수 있을 것이다.

김대중 총재의 사죄에 충격받았다

스웨덴한국입양인협회 설립자 레나김 씨

지난 1989년 고 김대중 전 대통령은 야당 총재 시절 스웨덴 스톡홀롬을 방문했다. 그때 김 총재는 한국교민 및 스웨덴인들과 간담회를 가졌다. 간담회 후 청중과의 질의응답시간이 이어졌다. 그때, 청중 중 기모노를 입은 동양여성이 심각한 얼굴을 하고 스웨덴어로 김총재에게 질문을 던졌다. 그 여성의 질문이 끝나자 주위에 싸늘한 침묵이 흘렀다. 스웨덴 사람들 얼굴은 차게 굳어있었다. 도대체 이 동양여성은 김대중 총재에게 무슨 질문을 한 것일까? 잠시 후 통역은 그 여성의 질문을 이렇게 통역했다.

"나는 한국의 고아입니다. 내가 어렸을 때 한국은 가난하다며 돈을 받고 나를 스웨덴에 팔아먹었습니다. 그러나 한국은 경제사정이 좋아진 지금도 여전히 아이들을 해외에 팔아먹고 있습니다. 한국의 정치지도자로서 이런 해외입양문제에 대해 어떻게 생각합니까?"

김대중 총재에게 이런 직설적 질문을 한 사람은 레나김이라는 한국계 스웨덴 입양인이었다. 잠시 장내에 긴장과 어색한 침묵이 흘렀다. 그리고 김대중 총재는 레나김을 향해 머리를 숙이며 이렇게 답변했다.

"죄송합니다. 부끄럽습니다. 드릴 말씀이 없습니다."

간담회에 참석한 청중 중에 여럿이 울음을 터트렸다. 장내는 곧 울음바다가 되었다. 가슴 뭉클한 순간이었다. 이렇게 직설적인 질문을 던졌던 해외입양인 레나김과의 뜻하지 않은 만남은 당시 야당 지도자인 김대중 총재에게 큰 영향을 끼쳤다.

그 후 9년이 흘렀다. 야당총재에서 대한민국의 대통령이 된 김대중은 레나김의 질문을 잊지 않았다. 1998년 10월 23일 청와대로 특별 초청을 받아 8개국으로부터 온 29명의 해외입양인들에게 김대중 대통령이 국가의 이름으로 공식 사과했다. 이것은 대한민국이 20만 명의 한국계 해외입양인들의 존재를 처음이자 공식적으로 인정한 역사적 사건이었다.

그 다음 해인 1999년 김대중 대통령은 친가족을 찾기 위해 모국을 방문하는 해외 입양인들을 위한 지원 사업을 시작했다. 그 결과 준정부적 성격의 글로벌 입양 정보 사후서비스 센터가 설립되었다. 그 후 입양정보센터가 되었고, 2009년 7월부터 중앙입양정보원으로, 또 2012년 8월부터 중앙입양원으로 바뀌었다.

한편, 한국계 스웨덴 입양인 레나김 씨는 지난 1986년 지인들과 세계최초로 스웨덴에 한국해외입양인협회를 설립했고 협회는 올해로 30주년을 맞았다.

다음은 레나김 씨와의 대화를 요약한 글이다.

스웨덴한국입양인협회(AKF)에 관해

30년 전 AKF를 처음 설립한 사람들은 나를 포함해 어린 시절 한국에서 스웨덴으로 입양된 3명의 한국계 스웨덴 대학생들로, 당시 우리들은 모두 스톡홀름 대학교에 재학 중이었다.

우리들은 한국계 스웨덴 입양인들의 권익을 대변하기 위해 어떤 조직을 만들 필요가 있다는 결론에 이르렀다. 그래서 우리는 주 스웨덴 한국대사관에 지원을 요청했고 한국대사관은 우리의 요청을 받아들여 많은 지원을 해주었다.

한국대사관 직원들은 스톡홀름에 있는 한국계 스웨덴 입양인들에게 연락을 해 주었고 결국 1986년 11월 AKF를 설립할 수 있었다. 나는 초대 사무처장직을 맡았다. 그래서 AKF는 세계최초로 한국계 해외입양인들이 만든 조직이 되었다.

요즘 AKF는 크게 3가지 활동을 하고 있다. 첫째는 회원들이 만나서 서로 정보와 입양에 관한 경험을 공유하는 것이다. 둘째는 해외입양정책의 문제점을 점검하고 개선을 권고한다. 셋째는 해외입양인들이 자신의 친부모를 찾을 수 있도록 지원해준다. 회원은 약 200명 정도 된다.

김대중 전 대통령에게 전한 질문에 관하여

당시 스웨덴어로 김대중 총재에게 질문했을 때 내 표현은 그렇게 과격하거나 직설적이지는 않았다고 생각한다. 그런데 통역하시는 분이 내 의도를 알고 좀 더 드라마틱하게 통역하신 것 같다. 어쨌든 내 질문의 목적은 한국 정치지도자들에게 해외입양의 문제점을 드러내고자 함이었다.

사실 나는 이 간담회가 있기 1년 전인 지난 1988년 서울올림픽 때 한국을 방문해서 김대중 총재를 본 적이 있다. 당시 나는 한국을 방문하면서 아주 불쾌했다. 왜냐하면 서울의 화려한 고층건물과 잠실운동장에도 불구하고 나는 한국 시민들의 인권, 여성들의 권리, 아동의 권리 그리고 노동자들의 권리가 너무나 열악하다고 느꼈기 때문이다.

그리고 한국이 겉으로는 그렇게 화려한 듯하면서도 올림픽이 열리기 불과 1년 전인 1987년 한 해에만 한국의 해외입양아동수는 7천949명을 기록했다. 한국전쟁 직후인 50년대에도 불과 연평균 200명의 아동이 해외입양된 것과 비교하면 정말 엄청난 숫자 아닌가? 그래서 그런 부끄러움을 모르는 모순의 나라인 내 모국 한국에 대해 큰 증오심을 가졌던 것 같다. 그래서 1989년 내가 스웨덴에서 김대중 총재 간담회에 참여했을 때 일부러 한복이 아닌 일본 기모노를 입었다. 내 모국에 대해 말 못할 분노심이 있었던 것 같다.

당시 나는 김 총재에게 아래 3가지 질문을 했다.

첫째는 한국 여성의 권리문제에 대해. 둘째는 만약 김대중 총재가 집권한다면 여성의 인권을 어떻게 향상시킬 것인지? 그리고 세 번째가 위에서 이야기한 해외입양 문제였다.

김대중 총재에 던진 내 질문(통역)이 끝나고 간담회에 참석한 분들 중에서 소리 내어 우는 분이 있었다. 당시 나는 우는 분을 이해할 수 없었다.

내 질문의 의도는 한국인들이 해외입양의 문제점과 우리 해외입양인들의 존재를 잊지 말았으면 하는 것이었다. 나는 김대중 총재가 내 질문을 심각하게 받아들이고 해외입양의 문제점을 해결해 주기를 바랐다.

당시 나는 김 총재의 즉각적이고 마음으로부터의 진심이 느껴지는 사죄와 겸허한 답변에 충격을 받았다. 그리고 당시 청중들 중엔 울음을 터뜨리는 분들이 있었는데 이것도 충격적이었다. 나는 어려서부터 스웨덴에서 자랐기 때문에 그런 자리에서 소리 내어 울음을 터뜨리는 한국인들의 정서를 잘 이해할 수 없었다. 스웨덴에서는 장례식 외에는 사람들이 거의 울지 않기 때문이다.

그때나 지금이나 나는 김대중 대통령을 만난 것을 내 인생의 큰 영광으로 여긴다. 특별히 1989년 야당 총재시절 나와의 만남을 기억하고 그로부터 9년 후 대통령이 되어서 나와 29명의 해외입양인들을 청와대로 특별초청해 국가의 이름으로 공식 사과한 것에 대해 감명을 받았다.

하지만 이후로 별로 크게 달라진 것이 없는 것 같다. 내 생각에 고 김대중 대통령은 정말 해외입양의 문제점을 깊이 인식하고 해결하려고 노력하신 것 같다. 그러나 그 이후 한국이나 스웨덴의 지금 정치인들의 모습을 보면 그저 위선의 모습만 보인다. 이들이 정말 의지만 있었다면 이미 오래전에 해외입양을 중단시켰을 것이다.

그러나, 그때부터 27년이 지난 지금까지도 한국 정부가 계속해 해외입양을 보내는 것을 생각하면 분노가 치밀어 오른다. 내 몸에 한국인의 피가 흐르는 것이 부끄럽다.

입양이 최선책이 아닌 이유

세계사에 유례없는 아동 수출 대국, 한국

지난 2014년 6월 보건복지부는 〈홀트아동복지회 감사결과 처분요구서〉를 발간했다. 이 요구서는 홀트아동복지회는 국외입양을 진행하려면 5개월 이상 국내입양을 우선 추진하는 노력을 하여야 하는데도, 국외입양을 진행하고 있는 출생아동 115명 중 17명(14.8%)에 대하여 그러한 노력을 하지 않았다고 지적하고 있다. 국외입양이 국내입양보다 수수료를 더 많이 받을 수 있기 때문으로 보인다.

보건복지부 감사를 받기 전인 지난 2014년 3월 19일 노혜정 홀트 복지사업실장은 한 언론과 한 인터뷰에서 해외입양이 국내입양보다 적자가 더 많기 때문에 돈을 벌기 위해 해외입양을 보내는 것은 아니라고 주장했다. 그러나 당시 보건복지부 감사결과를 보면 이 주장은 신뢰하기 어렵다.

이외에도 홀트는 입양숙려기간 보장 부적정, 국외입양 알선비용 인상 등 부적정, 양친이 될 자에 대한 자격확인 미흡, 양친가정 조사 부적정, 국내입양 사후관리 부적정, 입양아동의 보고 부적정 등 무려 8개 사항에 대하여 보건복지부로부터 경고조치를 받았다.

구원과 밀매

미국의 입양문제 탐사전문기자인 캐서린 조이스는 〈구원과 밀매 : 복음주의 기독교의 선의와 국제간 아동 입양의 현실〉라는 책을 썼다. 이 책에서 저자 조이스는 해외입양산업에 참여하고 있는 복음주의 기독교에 대한 상세한 취재를 바탕으로 빈국들의 아동을 좋은 선교 대상으로 간주하는 미국 복음주의 기독교인들의 실태를 적나라하게 보여준다. 이 책은 현대 세계에서 일어나고 있는 해외입양의 현실과 그 배후에 대한 조이스 기자의 심층탐사 기사를 그 초안으로 하고 있다.

특히 이 책의 결론부분인 8장에선 우리나라 해외입양실태를 다루고 있다. 우리나

라 해외입양 역사에는 해외송출아 숫자가 급증하는 두 시기가 있었다. 독재자 박
정희 정권 때와 전두환의 군사정권 시기였다. 국민에게 가장 폭력적인 정권이 아
이와 모성에게도 가장 폭력적이었다는 사실을 우리는 이 책을 통해서 생생하게 볼
수 있다.

이 책을 쓴 주요 목적은 미국기독교 입양운동의 기원과 그 영향에 대해 조사해보
고 싶어서라고 저자는 밝힌 바 있다. 이 책을 통해 미국기독교 입양운동이 미국입
양산업을 형성하는데 주요한 역할을 했다는 것을 증명해 보이고 싶었다고.

전 세계 수많은 사람들이 미국기독교 입양운동의 영향을 받았다. 또 미국기독교
입양운동은 개혁이 절실한 미국 입양산업을 더욱 나쁘게 강화시키는 촉매제 역할
을 했다는 것이다.

다음은 저자와의 대화 내용을 정리한 것이다

입양이 여성과 아동의 권리를 침해한다

잘못된 입양은 가족간의 불필요한 이별을 초래한다. 많은 생모와 입양인들이 바
로 입양으로 인해 평생을 지울 수 없는 고통을 안고 살아간다. 입양이 어려움에 처
한 가족들에게 잘못된 해결책이 되는 경우가 많다. 빈국들의 경우 부모들이 지원
을 받으면 아이들과 이별하지 않고도 함께 살 수 있다. 그런데도 입양으로 인해 가
족 간의 생이별이 발생한다.

한국은 빈국이 아닌데도, 혼외 출산에 대한 해결책으로 빈번하게 입양이 제시되
고 있다. 입양으로 인해 생모인 여성과 아동의 인권이 치명적으로 말살된다. 빈곤
하거나 사회적으로 낙인찍힌다는 이유로 자녀양육권을 박탈당하는 생모나 생부도
있다. 특히 해외입양의 경우, 부유한 서구 양부모의 욕구를 채워주기 위해 아이와
모국의 문화와 언어를 단절하기도 한다.

해외입양산업의 가장 큰 문제점은

입양은 국내입양과 해외입양을 막론하고 아주 많은 문제를 가지고 있다. 먼저 입
양산업이 아동의 필요를 채워주기 위해서가 아니라 입양부모의 욕구를 채워주기
위해 유지되는 산업이라는 게 가장 큰 문제다. 그 결과 입양기관들은 건강한 어

린 아이들은 부모에게서 빼앗아 가지만, 나이가 많은 아이들은 시설에 방치한다.

또 입양 전 입양부모의 준비부족과 입양 후 입양기관의 사후관리 부족도 문제다. 그 결과 많은 입양아들은 아동학대의 위험에 처해 있고 심지어 양부모의 학대로 입양아가 사망하는 비극적인 경우도 있다.

또 아동수령국인 서구와 아동송출국인 빈국 사이에 형성된 심각하고 근본적인 오해도 있다. 에티오피아 친부모들의 경우, 해외입양을 영구적 이별이 아니라 교육을 위해 잠시 보내는 것으로 인식한다. 하지만 해외입양은 한 아기가 미국에 입국하는 단순한 문제가 아니다. 해외입양으로 아이와 친부모가 생이별하는 비극이 발생하는 것이고 그 후 친부모와 입양인들은 생이별의 아픔과 고통 속에서 살아가는 것이다.

홀트입양기관에서 주선한 입양은 처음부터 문제가 있었다

홀트입양기관이 시행한 입양은 처음부터 문제가 있었다. 초창기 홀트입양기관을 통해 입양된 한 아이는 입양에 실패하여 홀트로 되돌아 왔다. 또 아이 몇 명은 입양되자마자 사망했다. 그 후 미국언론에서 아동들이 입양부모들로부터 학대당했다는 보도가 나왔다. 그리고 한 입양모는 입양아 살인죄로 기소되었다. 그러나 홀트는 이 살인죄로 기소된 입양모에게 1년 안에 두 아이를 더 입양 보냈다.

또 다수 입양아들은 한국에서 미국으로 가던 도중 사망하기도 했다. 당시 미국의 한 의사가 홀트를 조사해야 한다고 주장했다. 그러자 홀트여사는 아이가 사망한 것은 주님의 뜻이며 악마도 주님의 뜻을 거스를 수 없다고 주장했다. 이후 홀트여사는 입양을 반대하는 자들은 구원을 방해하는 자들이라는 내용을 담은 장문의 글을 쓰기도 했다.

기독교 입양운동의 장단점과 그 영향에 대해

기독교 입양운동의 의도는 좋았다고 생각한다. 그러나, 의도하진 않았겠지만 기독교 입양운동이 입양산업의 많은 폐해를 강화하는 결과를 초래했다. 기독교 입양운동가들은 입양을 아주 단순한 것으로 생각한 것 같다. 예를 들면, 세계에는 수많은 고아들이 있고 기독교인들은 고아들을 입양함으로써 신앙을 삶에서 실천해야 한다고 인식했는데, 현실은 그렇지 않았던 것이다.

그들의 의도는 물론 고아들을 돕겠다는 것이었다. 그러나 기독교 입양운동가들이 생각한 고아들의 대다수는 실제로 고아가 아니었다. 친생부모가 버젓이 살아 있었다. 입양 비용으로 아이 당 3~4만 달러가 들었는데, 사실 이 돈의 일부라도 입양기관이 아닌 빈국에 직접 지원해 주었더라면 거의 대부분의 친부모들이 사랑하는 아이와 평생 이별하지 않고 함께 살 수 있었을 것이다.

최근 기독교 입양운동이 변화되고 있는 것도 사실이다. 빈국 아이 한 명당 3~4만 달러를 주고 입양하는 것이 문제를 해결할 수는 없다는 인식이 생기고 있다. 나는 이런 움직임이 더 확산되어서 이윤을 추구하는, 산업화된 입양에 대해 문제점을 지적하고 궁극적으로 입양보다는 친생가족 보존방향으로 개선되기를 기대한다.

다만, 이 책은 입양에 관한 종합적인 역사서는 아니다. 이 책에서 난 이례적 문제점이 아닌 여러 국가들에서 여러 시기에 걸쳐서 조직적, 체계적으로 발생한 입양의 전반적인 문제점을 다뤘다.

쉽게 입양을 보내기 위해 아동밀매와 아동신분을 조작하는 경우를 많은 나라들의 사례에서 볼 수 있었다. 하지만 이 규모를 파악하기는 어렵다. 왜냐하면 대부분 손쉽게 입양을 보내기 위해 초기 단계부터 아동의 신분을 조작하기 때문이다. 가장 흔한 예는 친부모가 다 있는 멀쩡한 아이를 순식간에 고아로 위조하는 것이다. 간혹 친부모들이 아이의 신분위조를 돕는 경우도 있다. 그 이유는 입양을 일종의 임시적인 조기 해외유학 정도로 생각하기 때문이다. 이런 잘못된 관행들은 즉흥적이기보다는 조직적이고 체계적으로 발생한다고 본다.

해외입양 없이 어떻게 해외에 있는 고아문제를 해결하는가

'해외에 있는 고아문제'라는 것 자체가 잘못된 문제의식이다. 세계에 수많은 고아들이 있다고 목소리를 높이는 사람들이 있는데, 사실 이 아이들의 다수는 고아가 아니라 한부모 자녀들인 경우다. 또 설사 친부모가 둘 다 없는 아이라도 친척들의 도움을 받을 수도 있다. 입양기관들은 흔히 위기에 처한 고아라고 하는데, 실제 이 아이들은 입양이 필요한 고아가 아니다. 단지 국제기구에서 친부모와 함께 살 수 있도록 도움을 주면 되는 아동들일 뿐이다.

물론 위험에 처한 고아들이 있는 나라도 있다. 하지만 대개 그런 나라들은 분쟁이나 전쟁 상황에 놓여 있다. 그럴 경우 국제사회가 그 나라의 고아들 만을 살짝 빼어내 입양하는 것은 위험에 처해 있는 나라의 사람들에게는 별로 도움이 안 된다. 오히려 위험에 처한 나라의 사람들이 가족과 서로 이별하지 않고 함께 살 수 있도록 지원해 주는 것이 훨씬 더 바람직하다.

한국의 경제규모는 가히 세계적이다. 그러나 여전히 아동수출 대국의 위치를 차지하고 있다. 이런 나라는 세계사에 유례가 없다. 미혼모가 죄인이라도 되는 양 낙인을 찍는 한국사회의 인식 때문이라고 생각한다. 물론 서구사회도 40~50년 전에는 그랬다. 그러나 서구에선 더 이상 미혼모에게 사회적 낙인을 찍지 않는다. 여성과 아동인권이 신장됐기 때문일 것이다.

한국에도 그런 날이 오기를 희망한다.

한국의 해외입양문제에 홀트와 홀트입양기관이 끼친 영향

한국 미혼모 문제를 해결할 수 있는 방법은 입양뿐이라는 인식을 정착시키는데 홀트가 일조했다고 평가된다. 이 때문인지 한국사회는 아직까지도 변화된 세계의 모습을 받아들이지 못한다. 미혼모를 죄인 취급하기도 한다. 남성 없이 여성 혼자 임신을 할 수 없는데도 한국사회는 성문제에 대해 남성과 여성에게 이중 잣대를 적용하고 있다. 그래서 미혼모 자녀에 대하여는 입양을 강요하도록 하는 것이 당연한 듯한 분위기다. 한부모 가정이나 가난한 가정의 자녀를 무조건 결손가정, 관심병사로 낙인하는 한국 국방부의 행태도 이런 잘못된 인식을 반영한다고 볼 수 있다.

한국인들과 한국정부에 하고 싶은 말

미국에서도 오랫동안 입양이 입양아와 입양부모 모두에게 다 좋은 방안이라고 생각했었다. 그러나 이런 생각은 친부모가 존재하지 않는다는 전제하에 이루어진 잘못된 방안이었다. 한국에서는 여전히 미혼모가 입양을 보낼 수밖에 없도록 되어있다. 이런 현실은 하루 빨리 개선되어야 한다. 한국에서 미혼모는 직장을 얻기도 쉽지 않고, 미혼모에 대한 가족, 사회, 정부의 지원도 극히 인색하다. 미혼모와 그 자녀들은 학교나 사회에서 왕따를 당하기 쉽다. 이러한 것은 모두 한국의 부끄러움이다. 이러한 불의와 비문명적인 행태를 해결하지 않고는 한국의 장래가 어둡다고 할 수밖에 없다.

미국 입양 부모들이 두렵고 충격받는 이유

한국입양인과 결혼하고 한국 아이를 입양한 케이트 씨

케이트 트리 문은 약 20년 전 한국입양인과 결혼했고 5년 전 한국아이를 입양하여 현재 미국 메사츠세추 주에서 살고 있다. 그녀는 한국입양인과 결혼했고 한국 입양아를 키우고 있지만 지난 2013년 8월부터 시행되고 있는 한국의 입양특례법을 지지하고 베이비박스를 반대하며 우리나라에서 해외입양이 좀 더 엄격하게 윤리적, 공개적으로 이루어지길 기대한다. 아래는 케이트 씨와의 대화를 요약한 글이다.

마이크와 처음 만났을 때 우린 둘 다 20대 후반이었다. 그때 나는 이혼녀이고 싱글맘이었다. 당시 마이크가 내게 자기 어린 시절에 대해 잔잔히 이야기 해주었다. 그의 말을 들으면서 난 즉시 마이크의 목소리에서 어떤 말로도 표현할 수 없는 깊은 고통을 느낄 수 있었다.

마이크는 미국으로 입양되기 전까지 한국에서 친엄마, 그리고 조부모와 함께 살았다. 그의 과거에 대한 슬픈 이야기는 내 폐부를 즉시 뚫고 들어왔다. 나는 그때 한 인간의 고통스런 이야기에 내 몸을 전적으로 맡겼다. 그 후 우리는 급속히 사랑에 빠졌고 결혼하여 지금 누구보다 행복한 가정을 꾸리며 살고 있다.

마이크는 내가 이전 결혼에서 낳은 두 딸들과 우리가 입양한 아들에게 항상 다정다감한 아빠다.

한국 아이를 입양하다

2008년, 마이크와 나는 한국에서 한 남자아이를 입양하기로 결심했다. 마이크와 나는 1980년 마이크가 미국으로 해외입양되었을 당시와 비교해 28년이 지난 2008년 한국의 입양절차가 훨씬 향상되었을 것이라고 믿었다. 우리는 한국입양기관이 우리가 입양할 아이에 대해 정확한 출생기록과 의료기록, 그리고 아이의 한국 친가족에 대한 정확한 정보를 제공해 줄 것으로 믿었다. 그러나 실제는 전혀 그렇지 않았다. 정말 충격적이었다.

　우리가 입양한 아이가 한국에서 미국으로 도착했을 때, 우리는 아이의 입양서류를 살펴보고 서류가 너무나 많이 잘못되었다는 것을 알게되었다. 입양서류에 아기 출생날짜와 입양날짜 등을 살펴보니 친모는 아기가 출생하기 전에 이미 양육을 포기했다. 또 다른 서류를 자세히 살펴보니 우리가 입양한 아이의 불쌍한 한국 친모는 자기가 낳은 아이의 얼굴도 못보고 아이를 미국으로 입양 보내게 된 것으로 의심되는 정황을 알 수 있었다. 이런 일은 결코 일어나서는 안 된다. 난 친딸이 둘 있고 입양아들이 하나 있지만 친모의 권리는 입양모나 누구의 권리보다 어떤 경우에도 우선시 되어야 한다고 생각한다.

한국입양특례법을 지지한다

　한국의 입양특례법은 입양될 아이에 대해 5개월간 국내입양을 우선 추진할 것을 의무화하고 있다. 그리고 친부모에 대해서는 입양숙려기간인 7일 동안 직접 양육에 대한 지원내용 등을 포함한 충분한 상담제공을 의무화하고 있다. 그러니 앞으로는 한국아이의 조속한 해외입양을 위해 한국친모와 아이에 대한 다양한 지원과정이 우리 입양아이 경우처럼 결코 생략되지 않기를 바란다.

　마이크와 나는 우리가 입양한 아이가 한국 친모와 함께 한국 법이 보장한 대우와 시간을 누릴 가치가 충분히 있다고 생각한다. 한국 친모는 자기가 낳은 아이를 품에 안고, 사랑하며 입양숙려기간인 7일 동안 직접 양육해 본 후에 입양여부를 결정해도 충분하다고 생각한다. 해외입양을 보낼 때 보내더라도 당연한 친모와 아이의 기본적 권리가 결코 박탈당해서는 안 된다.

한국아이를 입양한 부모들에 관해

　내 주위 많은 친구들은 한국에서 아이를 입양했다. 우리 미국의 입양부모들은 훗날 우리 아이들의 한국 친모들이 자녀양육을 포기하도록 회유, 설득, 압력을 받았다는 것이 혹시라도 드러날까봐 두렵다. 한국의 베이비박스를 이용해 한국에서 친모 동의 없이 아이가 해외로 입양되어버리고, 그래서 친모들은 아이들이 어디로 보내졌는지 전혀 알지 못하는 상황이 혹시라도 벌어질까봐 우리 미국입양부모들은 두렵다. 그런 비인간적인 일이 결코 한국에서 일어나지 않기를 우리 미국 입양부모들은 바란다.

미국에서도 선량한 사람들은 비윤리적인 입양에 관여하고 싶어하지 않는다. 다시 말하면, 선량한 미국인들은 입양이 필요하다면, 윤리적으로 정정당당하게 편법을 쓰지 않는 방법으로 공개적으로 입양이 이뤄져야 한다고 믿는다.

미국입양부모들도 자신들이 입양한 아이들의 한국 친부모들이 기꺼이 원해서가 아니라 어쩔 수 없이 궁지에 몰려서 해외입양을 보낸 것을 알게 되면 악몽에 시달릴 것이다. 왜냐하면 입양부모들도 언젠가는 성장한 입양인들에게 우리가 그들을 한국에서 입양한 과정을 숨김없이 떳떳하게 설명해 주어야 할 때가 오기 때문이다.

해외입양정책의 바람직한 방향

한국정부의 입양관련법과 제도가 진정으로 아동권리를 보호하는 방향으로 전진하기를 진심으로 희망한다. 그리고 지난해 시행된 한국 입양특례법을 통해 한국정부가 아동권리를 더욱 보호하고 아동의 출생기록에 대해서는 정부기관에서 모든 기록을 보존하고 관리하기를 기대한다. 그래서 입양이 편법과 기록위조나 조작이 아닌 윤리적으로 투명하게 이뤄졌으면 한다.

그리고 친모는 궁지에 몰린 상황에서 강압, 회유, 설득에 의해 입양을 거의 강제로 선택하게 되어서는 안 된다. 친모는 정부로부터 직접 아이를 양육하고 지원받을 수 있는 정책에 관해 충분한 상담과 안내를 받고 아이와 자신의 미래에 대해 신중하게 생각할 최대한 많은 시간을 가져야 한다. 그 후에도 친모가 아이를 정녕 입양 보내기 원한다면, 그때에는 순전히, 아무런 압박을 받지 않는 상태에서, 자유의지로 친모가 입양을 선택할 수 있도록 되어야 친모와 아이가 받을 깊은 상처가 최소화될 수 있을 것이다.

한국 해외입양제도의 세계적 불명예

〈왜 그 아이들은 한국을 떠나지 않을 수 없었나〉의 저자 미국 보스턴 칼리지 역사학과의 아리사 오 교수를 만나보았다.

아리사 오교수는 해외입양이 미국과 한국 두 국가에 다 이득이 되었다고 평가한다. 즉 미국은 국내의 흑백 인종차별문제를 국제적으로 희석시키기 위해 백인들은 해외에서 황인종인 한국 아동을 대대적으로 해외입양한 것이라고 진단한다.

반면, 오 교수는 한국에서 해외입양은 이른바 '양공주'에게서 태어난 혼혈아동을 제거하는 길이었고, 이것을 한국인은 단일민족 순수혈통을 지키는 것이라고 믿었다고 진단한다. 그리고 박정희-전두환 정권은 빈곤층에 대한 사회복지 비용을 안쓰고 수출주도 산업화를 이루는데 있어서 미국에서 달러를 받는 아동수출은 한국 경제발전에 단단한 효자노릇을 했다고 본다.

아리사 오 교수는 미국에서 살고 있는 한국인 2세이지만, 한국어는 좀 서툴고 영어가 모국어인 학자다. 다음은 오 교수와 진행한 인터뷰를 정리한 글이다.

한국의 해외입양은 어떻게 시작되었나

한국 해외입양은 한국전쟁 전후 주한미군과 한국여성 사이에서 탄생한 혼혈아동을 한국에서 제거하기 위해 시작되었다. 한국인과 미국인들은 재빠르게 혼혈아동들이 한국사회에서 받아들여지기 어렵다고 결론 내렸다. 그 이유로는 혼혈아를 낳은 여성을 '양공주'로 경시하는 풍조가 있었고, 혼혈아동을 한국사회에서 '잡종' 정도로 취급했으며, 아버지가 한국인이 아닌 혼혈아는 한국 국적을 갖기도 어려웠다. 그래서 처음에는 임시방편으로 혼혈아동을 미국으로 보내는 해외입양이 시작되었던 것이다.

해리 홀트 씨의 공헌과 문제점은

해리 홀트는 누구보다도 한국 아동을 미국으로 많이 해외입양 보냈다. 미국인들은 한국전쟁으로 인해 한국에 전쟁고아들이 많다는 것과 미군과 한국여성 사이에 태어난 혼혈아동들이 한국사회에서는 결코 환영받지 못한다는 것을 알고 있었다. 그래서 많은 미국인들은 이런 한국 아동을 국제입양하고 싶어 했는데 어떻게 하는지 그 방법을 몰랐다. 해리 홀트는 미국 난민법의 허점을 이용해 한국 아동을 미국으로 큰 규모로, 아예 전세기를 동원해서 해외입양 보냈다.

그 과정에서 홀트는 해외입양을 쉽게 하기 위해, 입양을 원하는 미국의 잠재적 입양부모들이 상하원 국회의원들에게 미국이민법 수정하도록 촉구하는 서한을 보내는, 대대적인 캠페인을 벌였다. 그 결과 1961년 미국 이민법은 해외입양이 쉽게 되도록 수정된다.

2차 세계대전 후 냉전 하에서 해외입양은 미국의 국가프로젝트와도 일치해서 정부에서는 장려하고 시민들 사이에서 인기도 높았다. 냉전시기 미국은 흑백 인종차별 문제로 동구권은 물론 국제적으로도 망신을 사고 있었다. 당시 소련은 미국의 백인들이 흑인들에게 폭력을 가하는 문제나 인종차별 이슈를 예로 들며 비백인 국가들인 개발도상국들에게 접근하기가 쉬웠다.

미국은 국내의 흑백 인종차별문제를 국제적으로 희석시키기 위해 황인종인, 특히 한국 아동을 대대적으로 해외입양한 것이다. 덕분에 미국은 대외적으로 미국이 인종차별국가가 아니라고 선포할 때 한국 아동을 국제 입양한 것이 그 좋은 예로 인용되었다.

미국의 해외입양부모가 압도적으로 백인인 것을 염두에 둘 필요가 있다. 1970년대 부터 미국 여성의 인권이 신장되고 페미니즘이 번성함에 따라 싱글맘도 증가하게 되었다. 그 말은 미국의 백인 부모들이 입양할 백인 아동들이 부족해졌다는 것이다. 미국의 입양기관들은 해외입양을 위해 중상층 이상의 소득이 있는 입양예비부모를 그 자격조건으로 요구했는데 그런 자격을 갖춘 이들은 거의 대부분이 백인들이었다.

미국 백인들은 복잡한 이유로 미국 내의 흑인아동을 입양하기 원하지 않았다. 그래서 그 대안으로 한국 아동이 좋은 해외입양 대상이 된 것이다. 한국 아동은 물론 백인이 아니었지만 흑인도 아니었다. 게다가 한국이 가난한 나라였기 때문에 어떤 미국의 백인입양부모들은 해외입양을 통해 가난한 나라의 아동을 구해준다는 자부심도 가졌다.

한국정부 입장에서도 아동을 미국으로 해외입양 보내는 것이 여러 모로 이득이 되었다. 한국전쟁 직후에는 해외입양은 '양공주'에게서 태어난 혼혈아동을 제거하는 길이었고 이것이 한국인의 단일민족 순수혈통 을 지키는 것이라고 믿었다. 1960-70년 대 박정희 정권은 물론이고 1980년 대 전두환 정권은 빈곤층에 대한 사회복지 비용을 안 쓰고 수출주도 산업화를 이루는데 있어서 미국에서 달러를 받고 하는 아동수출은 한국경제발전에 단단한 효자노릇을 했다.

싱글맘이 아동을 키울 수 있도록 정부는 사회경제적 지원을 해줘야 하고 싱글맘과 그 아동에 대한 차별을 금지하는 법도 필요하다. 싱글맘의 아동을 사회적 편견과 경제적 압박 그리고 법적 비보호 정책으로 엄마 품에서 빼앗아 해외입양 보내는 야만적 행위는 이제 중단되어야 한다.

한국은 세계 최초로 자국의 아동을 체계적으로 해외입양 보내는 제도를 만들어 낸 나라다. 다른 개발도상 국가들도 해외입양을 보내게 되면서, 또는 미국이 한국 외에 다른 나라의 아동을 국제입양하기를 원하면서 한국이 사용한 해외입양제도가 해외입양의 모형이 되기 시작했다.

이 책을 쓰면서 가장 힘들고 어려웠던 경험은

이 책을 처음 쓰기 시작했을 때 나는 자신의 자녀양육을 포기하고 해외입양 보낼 수밖에 없었던 친모들의 절박한 심정을 듣고 싶었다. 그런데 내가 막대한 해외입양 관련 자료나 논문 등 여러 기록을 다 뒤져봐도 친모의 증언은 거의 찾을 수가 없었다. 아주 작은 자료에서만, 그것도 친모의 직접 증언이 아니라, 입양기관이나 입양부모, 사회복지사 혹은 언론인의 글을 통해 간접적으로만 친모의 증언을 접할 수 있었다. 즉 당사자인 친모가 입양 과정에서 철저하게 소외되고 배제된 것 같은 느낌을 받아서 너무나 가슴이 아팠다.

해외입양은 빈곤한 아동을 부국에서 구출하는 것이었나

동기와는 상관없이, 미국입양부모는 아동을 얻기 위해 입양시장에 뛰어들어야 했다. 이것은 사랑과 상업의 충돌로 해외입양 심장부에 불편한 긴장을 조성했다. 미국인들도 이제는 해외입양이 부모 없는 아동에게 가정을 찾아주는 제도가 아니라는 사실을 인정한다. 그러면서도 그들은 우리가 좋아하는 거짓말을 계속한다. 구출이 필요한 전 세계 아동 수백만 명에 관한, 이른바 세계 고아 위기에 관한 거짓말이다.

남은 과제, 어떻게 할 것인가

해외입양인을 위한 [뿌리의 집] 대표 김도현 목사

향후 해외입양 의제의 해결을 위해서 추구해야 할 남은 과제는 두 가지다.

하나는 한국의 입양 법제의 전면적이고 근원적 혁신이다. 입양은 아동 최선의 이익에 기초해서 국가의 공무체계가 모든 절차적 책임을 지고 수행해야 아동의 인권이 오롯이 보호될 수 있다. 위기가정에 대한 지원을 통해 원가족을 보호하고 아동의 분리를 예방해야 한다. 분리된 아동의 원가족 복귀에 대한 정교한 정책설계와 실천이 담보되어야 한다.

입양되기까지 아동의 보호는 국가의 공적 책임 하에 이루어져야 하고, 입양을 통해 사적 이익을 추구하는 입양기관에 위탁 되어서는 안 된다. 해당 아동은 입양의 불가피성이 입증되어야 하고, 입양부모의 적격성이 엄밀하게 검증되어야 일생을 가름하는 아동의 인권이 오롯이 보호될 수 있다.

분리와 보호, 결연과 입양 결정, 사후 관리가 엄밀하고 따뜻하게 이루어져야 한다. 현재 법사위에 계류된 법안은 이런 지향을 지니고 있는 법안이다. 오남용의 우려가 있지만, 한 술에 배부를 수 없으므로, 일단 한 걸음 나아갈 필요가 있다.

다른 하나는, 지난 70년 동안 해외입양의 실천 과정에서 인권 훼손과 상처를 입은 입양인들에게 대한 국가의 책임 있는 응답을 이끌어 내는 일이다. 인권 훼손에 대한 인정, 사과, 치유 전문기관의 설립, 배·보상, 재발방지 등을 논할 때가 무르익었다. 당사자들이 목소리를 내기 시작했고, 연구자들과 학자들, 공익법률가들과 시민단체들이 조력에 나서고 있고, 뿌리의집도 적극적으로 동참하고 있다. 그러나 아직도 많은 사람들이 이와 같은 흐름에 대해서, 해외입양을 부정적 시선으로 바라보는 일이라면서, 다소 거리를 두는 듯한 분위기가 없지는 않다.

1982년 국회 보건복지위의 속기록에 의하면, 입양특례법의 입안 이유로 미혼모의 아동들을 사회의 위험 요인으로 간주하고 해외입양을 통한 해결을 제시하고 있다. 또한 독재정권의 정당성을 확보하기 위한 수단으로, 나아가 외교안보정책의 일환으로 아동의 해외입양의 필요성을 역설하고 있다. 나아가 익히 알려진 바, 인구정책으로, 또 사회복지비용의 감경 정책으로 해외입양을 거론하고 있다. 홀트 아동복지회 이사회는 국보위 멤버들이 장악했고, 사회정화위원들이 감사로 들어왔다. 2차 세계대전 이후 인류공동체가 범죄로 규정한 '사회정화'가 우리나라에서 활개친 사건이나 다름없다.

밥 못 먹던 시절에 미혼모 자식으로 태어나면, 아무런 희망도 없던 시대(동의하기 어렵지만)에 해외입양을 통해서 먹이고 입히고 한 일인데, 왜 해외입양을 폄훼하느냐는 목소리가 있을 수 있다. 해외입양을 통해 그 삶이 잘 된 경우들이 있다는 것이 진실인 것처럼, 해외입양을 통해 인권 훼손의 아픈 경험을 안고 살아가고 있는 입양인들의 삶 역시 진실이라는 이야기를 하는 것뿐이다. 하나의 진실이 다른 진실을 덮을 수는 없고, 또 그래서도 안 되는 일이다.

최근에는 아동의 정체성 권리에 대한 논의가 활발하게 진행되고 있다. 난민아동, 인신매매아동, 아동용병과 나란히 국제 입양 아동의 정체성 권리가 논의의 테이블에 올라와 있다. 이 네 경우 모두 출생의 진실과 원가족에 대한 기록이 의도적이거나 아니거나 간에 멸실·훼손·위조·조작되고 있는 점이 동일하다는 것이다. 난민아동, 인신매매아동, 아동용병은 그렇다 하더라도 어떻게 아동에 대한 사랑의 이름으로 수행된 국제 입양이 그러한 범죄행위들과 나란히 놓여 질 수 있느냐고 분개하는 사람들이 있을 수 있다.

그러나 적어도 아동의 기록이 멸실·훼손·위조·조작되어 자신의 뿌리를 찾아가는 정체성의 권리가 훼손되고 있다는 점 그 자체를 부인할 수는 없고, 이것은 팩트이며, 이런 일들이 아동의 자국 이탈과 이동의 과정에서 일어난다는 사실에 있어서, 즉, 유사한 상황에서 벌어지는 일이라는 점을 부인할 수는 없다. 몸을 두들겨 맞는 일이 학대인 것처럼, 자신의 정체성을 타자가 제거해버리는 일 역시 일생을 관통하는 학대인 것이다.